W0326286

05 1939 1945 | SEGUNDA GUERRA MUNDIAL

NEDERLANDERS
VOOR UW EER EN GEWETEN
OP ! - TEGEN HET BOLSJEWISME
DE WAFFEN SS ROEPT U !

1940
HITLER SE PASEA POR LOS PAÍSES BAJOS
CON LA VISTA PUESTA EN FRANCIA Y GRAN BRETAÑA

SEGUNDA GUERRA MUNDIAL | 1939-1945
Las claves de la mayor contienda de la Historia

biblioteca EL MUNDO

Una producción para
Grupo Unidad Editorial S.A.
Presidenta: Carmen Iglesias
Consejero delegado: Antonio Fernández-Galiano
Director general editorial: Pedro J. Ramírez
Editor: Juan Carlos Laviana
Director de marketing: Pedro Iglesias

Edición
Centro Editor PDA, S. L.

Realización Editorial
Multiactiva Creación y Servicios Editoriales, S.L.

Diseño de cubiertas e interiores
ZAC diseño gráfico

Contenidos
Galland Books SLNE. Director: Lucas Molina
Director Adjunto: Jorge Fernández-Coppel
Coordinador general: Juan Vázquez
Coordinador adjunto: Juan Carlos Salgado

Cartografía
quup comunicación

Ilustraciones
Ramiro Bujeiro, Julio L. Caeiro, Acción Press, Osprey Publishing

Fotografías
Galland Books SLNE, Hulton Archive/Getty Images, Time & Life Pictures/Getty Images, Popperfoto/Getty Images, Roger Viollet/Getty Images, AFP/Getty Images, Album/Akg Images, Archivo Planeta, Corbis, Bettmann/Corbis, DeA Picture Library

Textos
Juan Carlos Losada, Rafael A. Permuy López
Recuadros: Gabriel Cardona [G.C.], Juan Carlos Losada [J.C.L.], Rafael A. Permuy López [R.P.L.], Pep Gual [P.G.], José Ramón Soler [J.R.S.], Juan Carlos Salgado [J.C.S.]

Textos "La caída del gobierno" y "La coalición nacional":
© Winston Churchill, 1959
© de la traducción: Alejandra Devoto
© de la edición: La Esfera de los Libros, S. L. 2001

Infografías-Informes Visuales
Planeta: Martín Bustamante (p.29, p.32, p.63), Laura Burstein (p.52, p.118), Fernando San Martín (p.72, p.77, p.103)

© de esta edición: Planeta Marketing Institucional, 2009

Impresión
Grupo Marte

ISBN Obra completa: 978-84-674-7542-5
ISBN Volumen 5: 978-84-674-7547-0
Depósito legal: M-27644-2009

Impreso en España-Printed in Spain

Reservados todos los derechos. No se permite reproducir, almacenar en sistemas de recuperación de la información ni transmitir alguna parte de esta publicación, cualquiera que sea el medio empleado –electrónico, mecánico, fotocopia, grabación, etc.– sin el permiso previo por escrito de los titulares de los derechos de la propiedad intelectual. Las ideas expuestas en la presente publicación son las propias de sus autores y no reflejan necesariamente las opiniones del editor.

II GM

05 HITLER SE PASEA POR LOS PAÍSES BAJOS

Imagen de cubierta: Una familia de refugiados belgas camina junto a las ruinas provocadas por un bombardeo, en enero de 1940.

Imagen de página 2: Tras la ocupación de los Países Bajos por los alemanes, hubo holandeses que colaboraron con el invasor. Este cartel de 1943 invita a la población ocupada a enrolarse en las Waffen SS.

SUMARIO

LA CAÍDA DEL GOBIERNO Y LA COALICIÓN NACIONAL

Sir WINSTON CHURCHILL

Las numerosas desilusiones y los desastres de la breve campaña en Noruega provocaron una profunda perturbación en el país, y se inflamaron de pasión los pechos de algunos de los que se habían mostrado más indolentes y ciegos en los años previos a la guerra. La oposición pidió un debate sobre la situación bélica que se celebró el siete de mayo. La Cámara estaba llena de parlamentarios en un estado de gran irritación y aflicción. El discurso inicial de Chamberlain no pudo frenar la corriente hostil. Lo interrumpieron burlonamente y le hicieron recordar el discurso que pronunció el cuatro de abril cuando, en relación con algo totalmente distinto, cometió la imprudencia de afirmar que «Hitler había perdido la oportunidad». Definió mi nuevo cargo y mi relación con los jefes del Estado Mayor y, en respuesta a Herbert Morrison, dejó claro que yo no había tenido esos poderes durante las operaciones que se desarrollaron en Noruega. Uno tras otro, los oradores de ambos lados de la Cámara atacaron al gobierno, y sobre todo a su jefe, con un resentimiento y una vehemencia insólitos, y se vieron apoyados por el creciente aplauso de todas las facciones. [...]

El segundo día, el ocho de mayo, aunque el debate continuó con una moción de suspensión, adquirió el carácter de un voto de censura y Herbert Morrison, en nombre de la oposición, anunció su intención de pedir una votación. El primer ministro volvió a ponerse de pie, aceptó el desafío y, en un pasaje poco afortunado, pidió el apoyo de sus amigos. Tenía derecho a hacerlo, ya que estos amigos habían apoyado su acción, o su falta de acción, y por tanto compartían su responsabilidad durante «los años en que os devoró la langosta», antes de la guerra. Pero ese día permanecieron avergonzados y en silencio, y algunos de ellos se sumaron a las manifestaciones de hostilidad. Ese día se produjo la última intervención decisiva de Lloyd George en la Cámara de los Comunes. En un

A LA SALIDA DE UNA REUNIÓN DE GABINETE, Winston Churchill, primer lord del Almirantazgo, es acompañado por sir Kingsley Wood, ministro del Aire (izquierda) y por Anthony Eden, secretario de estado del Foreign Office (derecha), el 10 de mayo de 1940. Ese mismo día, Churchill sería nombrado primer ministro.

discurso que no duró más de veinte minutos, asestó un golpe que hirió a fondo la cabeza del gobierno. Hizo esfuerzos por exculparme: «No creo que el Primer Lord sea totalmente responsable de todo lo que sucedió en Noruega». Lo interrumpí de inmediato: «Asumo toda la responsabilidad por todo lo que ha hecho el Almirantazgo y acepto la parte que me corresponde». Tras advertirme que no me dejara convertir en un refugio antiaéreo para impedir que las astillas alcanzaran a mis colegas, Lloyd George se dirigió a Chamberlain: «No se trata de quiénes son los amigos del primer ministro, sino de una cuestión mucho más importante. Nos ha pedido un sacrificio y la nación está dispuesta a hacer cualquier sacrificio siempre que haya un líder, mientras el gobierno muestre con claridad cuáles son sus objetivos, mientras la nación confíe en que aquellos que la dirigen lo están haciendo lo mejor posible». Y acabó diciendo: «Afirmo solemnemente que el primer ministro debería dar un ejemplo de sacrificio, porque nada puede contribuir más a ganar esta guerra que su renuncia a los símbolos de su autoridad».

HICE TODO LO POSIBLE PARA QUE EL GOBIERNO RECUPERARA EL CONTROL DE LA CÁMARA FRENTE A LAS CONTINUAS INTERRUPCIONES

Los ministros nos mantuvimos unidos. Los secretarios de Estado de Guerra y Aviación ya habían hablado. Yo me había ofrecido a cerrar el debate, lo que no era más que mi obligación, no sólo por lealtad al jefe al que había servido sino también por el papel tan destacado que desempeñé en el uso de nuestras inadecuadas fuerzas durante nuestro desesperado esfuerzo por socorrer a Noruega. Hice todo lo posible para que el gobierno recuperara el control de la Cámara frente a las continuas interrupciones, procedentes fundamentalmente de los escaños de la oposición laborista. Lo hice con buen corazón al pensar en sus errores y su peligroso pacifismo de los años anteriores y en cómo, apenas cuatro meses antes del estallido de la guerra, votaron unánimemente en contra del servicio militar obligatorio [...].

Cuando me senté, a las once, la Cámara se dividió. El gobierno obtuvo una mayoría de ochenta y uno, pero más de treinta conservadores votaron con la oposición laborista y la liberal, y otros sesenta se abstuvieron. No cabía duda de que, de hecho, aunque no en la forma, tanto el debate como la división eran una manifestación violenta de la falta de confianza en Chamberlain y su gobierno.

Cuando acabó el debate, me invitó a ir a su despacho; me di cuenta en seguida de que se tomaba muy en serio el sentimiento de la Cámara con respecto a su persona y que sentía que no podía continuar. Tenía que haber un gobierno nacional; un partido solo no podía asumir toda la responsabilidad. Había que formar un gobierno en el que participaran todos los partidos; si no, no saldríamos adelante. Excitado por los antagonismos del debate y seguro de mi propia trayectoria pasada sobre las cuestiones en juego, yo estaba totalmente decidido a seguir luchando. «Este debate ha sido muy perjudicial, pero cuenta con una buena mayoría. No se tome la cuestión tan a pecho. Nuestra posición con respecto a Noruega es mejor que la que le pudimos presentar a la Cámara. Refuerce su gobierno por todos lados y sigamos adelante hasta perder la mayoría.» Así le hablé, pero Chamberlain ni se convenció ni se consoló; le dejé, cerca de la medianoche, con la sensación de que mantendría su decisión de sacrificarse si no había otra solución en lugar de tratar de seguir adelante la guerra con el gobierno de un solo partido [...].

Amaneció el diez de mayo y nos llegaron terribles noticias. Fueron llegando cajas con telegramas desde el Almirantazgo, la Oficina de Guerra y el Ministerio de Asuntos Exteriores. Los alemanes habían asestado el golpe tan esperado: invadieron a la vez Holanda y Bélgica. Atravesaron sus fronteras por numerosos puntos. Había comenzado el desplazamiento del Ejército alemán con la invasión de los Países Bajos y de Francia [...].

A las once, el primer ministro me volvió a llamar a Downing Street donde volví a encontrar a lord Halifax. Nos sentamos a la mesa, frente a Chamberlain, que nos dijo que estaba satisfecho de que la formación de un gobierno nacional quedara fuera de su alcance. La respuesta que recibió de los líderes laboristas no le dejaba ninguna duda al respecto. Por tanto, la cuestión era a quién le recomendaría al rey que recurriera después de aceptar su propia renuncia. Se mostró frío, sereno y aparentemente bastante indiferente sobre el aspecto personal de la situación. Nos miraba a ambos desde el otro lado de la mesa.

He tenido muchas reuniones importantes a lo largo de mi vida pública, pero sin duda ésta fue la más importante. Por lo general hablo mucho, pero en esta ocasión me mantuve callado. Sin duda, Chamberlain recordaba la violenta escena que ocurrió en la Cámara de los Comunes dos noches antes, cuando aparentemente sostuve una controversia tan acalorada con el Partido Laborista. Aunque lo hice para apoyarlo y defenderlo, sin embargo le parecía que podía ser un obstáculo para lograr que me apoyaran en esta coyuntura [...].

Al final, habló Halifax y dijo que le parecía que, como miembro de la Cámara de los Lores, es decir, al margen de la Cámara de los Comunes, le resultaría muy difícil desempeñar el cargo de primer ministro en una guerra como ésta, porque lo harían responsable de todo, pero no tendría la facultad de orientar a la asamblea sobre cuya confianza dependía la vida de todo gobierno. Habló varios minutos en este sentido y, cuando acabó, estaba claro que me tocaría a mí, de hecho, me había tocado a mí. Entonces hablé por primera vez. Dije que no entraría en conversaciones con ninguno de los partidos de la oposición hasta que el rey no me encomendara la formación de un gobierno, con lo que finalizó esta conversación memorable y recuperamos nuestro tono distendido y familiar de hombres que habíamos trabajado juntos durante años y cuyas vidas, tanto públicas como privadas, habían transcurrido con toda la familiaridad de la política británica. Entonces regresé al Almirantazgo donde, como es fácil imaginar, tenía muchas cosas que resolver.

EL GOLPE DECISIVO DEL ENEMIGO NO CONSISTIRÍA EN UN MOVIMIENTO DE GIRO SOBRE EL FLANCO SINO EN UN ATAQUE FRONTAL

Me aguardaban en mi despacho los ministros holandeses, ojerosos y agotados, recién llegados de Amsterdam, con el horror en la mirada. Su país había sido atacado sin el menor pretexto ni advertencia. El alud de fuego y acero atravesó las fronteras y cuando comenzó la resistencia y la guardia fronteriza holandesa abrió fuego, los masacraron desde el aire. Todo el país quedó sumido en un estado de violenta confusión. Se había puesto en marcha el programa de defensa preparado desde hacía tanto tiempo; se abrieron los diques y las aguas se desparramaron por doquier. Pero los alemanes ya habían cruzado las líneas exteriores, bajaban por las orillas del Rin y atravesaban las defensas de Gravelines. Amenazaban el paso que cierra el Zuiderzee. ¿Podíamos hacer algo para impedirlo? Afortunadamente teníamos una flotilla no muy lejos de allí; de inmediato se le dieron órdenes de atacar el paso para causar el mayor daño posible a los invasores [...].

Llegó un alud de telegramas procedentes de todas las fronteras afectadas por el avance de los ejércitos alemanes. Aparentemente estaba en plena marcha el viejo plan Schlieffen, actualizado para incluir a Holanda. En 1914 el poderoso flanco derecho de la invasión alemana arrasó Bélgica pero se detuvo antes de llegar a Holanda. Se sabía entonces que si la guerra se hubiera retrasado tres o cuatro años habría habido otro grupo de ejército más y se habrían adaptado las terminales y las comunicaciones ferroviarias para atravesar Holanda. Ahora se lanzaba el famoso movimiento con todas estas facilidades y con todas las circunstancias de la sorpresa y la traición. Pero faltaban otros acontecimientos. El golpe decisivo del enemigo no consistiría en un movimiento de giro sobre el flanco sino en un ataque frontal, aunque esto no lo habíamos previsto ni nosotros ni los franceses que estaban al mando. A principios de ese año, en una entrevista que se publicó, advertí a estos países neutrales del destino que se cernía sobre ellos y que resultaba evidente a partir de la distribución de las tropas y el desarrollo de carreteras y líneas férreas, además de los planes alemanes que se habían capturado. Pero mis palabras no fueron bien recibidas.

En el estrépito de esta inmensa batalla, las serenas conversaciones que mantuvimos en Downing Street se esfumaron o quedaron relegadas al olvido. No obstante, recuerdo que me dijeron que Chamberlain había ido o iba a ver al rey, lo que era previsible. Entonces llegó un mensaje comunicándome que tenía que presentarme en el palacio a las seis. Bastan dos minutos para llegar hasta allí desde el Almirantazgo, a lo largo del Mall. Aunque supongo que los periódicos vespertinos debían de estar llenos de las terribles noticias que llegaban desde el continente europeo, ni se mencionaba la crisis del gabinete. El público no había tenido tiempo para asimilar lo que ocurría, ni en el exterior ni en el país, y no había una multitud en torno a las puertas del palacio.

Me condujeron en seguida ante el rey. Su Majestad me recibió con amabilidad y me pidió que tomara asiento. Me observó inquisitiva y socarronamente durante unos momentos y me dijo: «Supongo que no sabe para qué lo he hecho venir». Siguiéndole el juego le respondí: «Señor, no acierto a imaginarlo». Riendo, me dijo: «Quiero pedirle que forme gobierno». Le dije que así lo haría, sin duda.

El rey no puso ninguna condición de que el gobierno fuera de carácter nacional, y me pareció que mi encargo de formar gobierno no dependía formalmente de este punto. Pero teniendo en cuenta lo ocurrido y las condiciones que provocaron la dimisión de Chamberlain, era obvio que así debía ser en esa situación. Si me resultaba imposible llegar a un acuerdo con los partidos de la oposición no estaría inhabilitado constitucionalmente para tratar de formar el gobierno más fuerte posible para defender el país durante el peligro, siempre que este gobierno alcanzara la mayoría en la Cámara de los Comunes. Le dije al rey que me pondría en contacto inmediatamente con los dirigentes del Partido Laborista y el Liberal, que me proponía formar un gabinete de Guerra compuesto por cinco o seis ministros y que esperaba poder darle por lo menos cinco nombres antes de medianoche, tras lo cual me despedí y regresé al Almirantazgo.

Entre las siete y las ocho, a instancias mías, vino a verme Attlee, acompañado por Greenwood. Le dije que tenía el encargo de formar un gobierno y le pregunté si el Partido Laborista estaba dispuesto a participar, a lo que respondió que sí. Le propuse una participación de más de un tercio, con dos miembros en el gabinete de Guerra, que estaría compuesto por cinco, o tal vez seis personas, y le pedí a Attlee que me proporcionara una lista de nombres para poder discutir los cargos concretos. Le mencioné a Ernest Bevin, Alexander, Morrison y Dalton como hombres que de inmediato debían prestar servicio en altos cargos [...].

Le pedí a lord Halifax que se incorporara al gabinete de Guerra, sin dejar de ser ministro de Asuntos Exteriores. A eso de las diez, le envié al rey una lista de cinco nombres como le había prometido. La designación de los tres ministros de las Fuerzas Armadas era urgente. Yo ya tenía decidido quiénes debían ser: Eden en la Oficina de Guerra, Alexander en el Almirantazgo y sir Archibald Sinclair, líder del Partido Liberal, en el Ministerio de Aviación. Al mismo tiempo, yo asumía el cargo de ministro de Defensa, aunque sin intentar definir su alcance ni sus atribuciones.

DORMÍ PROFUNDAMENTE, SIN NECESIDAD DE SUEÑOS ALENTADORES. DESPUÉS DE TODO, LOS HECHOS SON MEJORES QUE LOS SUEÑOS

De este modo, la noche del diez de mayo, al comienzo de esta enorme batalla, obtuve la jefatura del Estado que a partir de entonces ejercí cada vez en mayor medida durante los cinco años y tres meses de guerra mundial, al cabo de los cuales, cuando nuestros enemigos se habían rendido sin condiciones o estaban a punto de hacerlo, el electorado británico decidió que no debía seguir dirigiendo sus asuntos.

Durante estos últimos días de la crisis política tan agitados no se me aceleró el pulso en ningún momento. Me tomé las cosas con calma. Pero no puedo ocultarle al lector de esta crónica sincera que, cuando me fui a la cama, a eso de las tres de la noche, era consciente de una profunda sensación de alivio. Por fin disponía del poder para dar órdenes sobre la totalidad de la situación. Me dio la impresión de que caminaba con el destino y de que toda mi vida anterior no había sido más que una preparación para ese momento y ese desafío. Diez años en la jungla política me habían liberado de los antagonismos partidistas comunes. Mis advertencias durante los últimos seis años habían sido tan numerosas, tan detalladas y tan justificadas, que nadie podía refutarme nada. No me podían reprochar ni por hacer la guerra ni por la falta de preparación para ella. Pensé que conocía muy bien la situación y estaba seguro de que no fallaría. Por tanto, aunque estaba impaciente con respecto a la mañana siguiente dormí profundamente, sin necesidad de sueños alentadores. Después de todo, los hechos son mejores que los sueños.

[...]

La furia de la tormenta, acumulada lentamente y tanto tiempo contenida, cayó sobre nosotros finalmente. Cuatro o cinco millones de hombres se enfrentaron entre sí en el primer choque de la más despiadada de todas las guerras de las que tenemos constancia. Al cabo de una semana, el frente de Francia, tras el que nos habíamos acostumbrado a vivir durante los años difíciles de la guerra anterior y la fase inicial de ésta, se quebró irremisiblemente. En tres semanas, el famoso Ejército francés sufrió una derrota aplastante y nuestro Ejército británico fue arrojado al mar y perdió todo su equipo. En un plazo de seis semanas nos encontramos solos, casi desarmados, con Alemania e Italia, triunfantes, dispuestas a echársenos encima, con toda Europa expuesta al poder de Hitler y con Japón fulminándonos desde el otro lado del mundo. En medio de estos hechos y estas perspectivas que se avecinaban asumí mis obligaciones como primer ministro y ministro de Defensa y encaré la primera misión de formar un gobierno compuesto por todos los partidos para dirigir los asuntos de Su Majestad, tanto internos como en el extranjero, con los medios que se estimasen más adecuados para el interés nacional [...].

Es probable que resulte más sencillo formar un Consejo de Ministros, sobre todo uno de coalición, en el calor de la batalla que en tiempos de paz, porque el sentido del deber domina todo lo demás y se dejan de lado los personalismos. Una vez acordado lo principal con los dirigentes de los demás partidos con el consentimiento formal de sus organizaciones, la actitud de todas las personas que convocó fue similar a la de los soldados en acción, que acuden en seguida a los puestos que se les asignan sin cuestionar nada. Después de que se estableciera oficialmente la base del partido, me parece que la idea de egoísmo no se cruzó por la cabeza de ninguno de los innumerables caballeros que tuve que ver [...].

ME PARECE QUE LA IDEA DE EGOÍSMO NO SE CRUZÓ POR LA CABEZA DE NINGUNO DE LOS INNUMERABLES CABALLEROS QUE TUVE QUE VER

Algunos miembros del Partido Laborista y algunas de las figuras capaces y entusiastas que no fueron incluidas en el nuevo gobierno ejercieron bastante presión para que se hiciera una purga de los «culpables» y de los ministros que participaron en lo de Munich o a los que se podía criticar por los numerosos inconvenientes que padecieron nuestros preparativos bélicos. Pero no era el momento adecuado para proscribir a patriotas capaces con mucha experiencia en altos cargos. Si los censores se hubiesen salido con la suya, por lo menos una tercera parte de los ministros conservadores se habrían visto obligados a dimitir. Teniendo en cuenta que Chamberlain era el líder del Partido Conservador, era evidente que este movimiento destruiría la unidad nacional. Además, yo no tenía necesidad de preguntarme si toda la culpa estaba de un solo lado. La responsabilidad oficial correspondía al gobierno de la época, pero la responsabilidad moral quedaba más repartida. Conservaba en la cabeza, con todo detalle, una lista impresionante de frases de los discursos y los votos de los ministros laboristas, y otro tanto de los liberales, todos ellos anquilosados por los acontecimientos. Nadie tenía más derecho que yo a pasar una esponja sobre el pasado; por tanto, me resistí a estas tendencias perjudiciales. «Si el presente –dije algunas semanas después– trata de juzgar al pasado, perderá el futuro.» Este argumento y el tremendo peso que imponían las circunstancias aplastaron a los que pretendieron montar una caza de brujas [...].

En mi larga experiencia política ocupé la mayoría de los altos cargos del Estado, pero reconozco que el puesto que me tocó en ese momento fue el que más me gustó. Es justo considerar ruin el poder que se complace en tratar con prepotencia a los demás seres humanos o en contribuir a la pompa personal. Pero el poder en una crisis nacional, cuando un hombre cree saber las órdenes que tiene que dar, es una bendición. En cualquier campo de acción no puede haber comparación entre las posiciones del número uno, y el número dos, tres o cuatro. Las obligaciones y los problemas de todas las personas son completamente diferentes y en muchos sentidos más difíciles que los de los números uno. Para el número dos o el tres siempre es una desgracia tener que poner en marcha un plan de acción o una política porque no sólo ha de tener en cuenta las ventajas de esa política sino también la opinión de su superior; no sólo lo que tiene que recomendar sino también lo que es adecuado recomendar desde su posición; no sólo lo que hay que hacer sino cómo conseguir que se apruebe y que se lleve a cabo. Además, el número dos o el tres tendrá que tener en cuenta a los números cuatro, cinco y seis, o tal vez a algún brillante desconocido, aunque sea el número veinte. La ambición, por sí misma por lograr la fama, está presente en todas las mentes. Siempre hay varios puntos de vista que pueden ser acertados y muchos que son plausibles [...].

EL PODER EN UNA CRISIS NACIONAL, CUANDO UN HOMBRE CREE SABER LAS ÓRDENES QUE TIENE QUE DAR, ES UNA BENDICIÓN

Los cambios fundamentales en la dirección de la maquinaria bélica fueron más reales que aparentes. Decía Napoleón que «una Constitución debe ser breve y confusa». Los organismos que ya existían se mantuvieron intactos. No se cambiaron las personalidades oficiales. El gabinete de Guerra y el comité de jefes del Estado Mayor al principio se siguieron reuniendo todos los días, igual que antes. Al otorgarme a mí mismo el cargo de ministro de Defensa, con el consentimiento del rey, no introduje ningún cambio legal ni constitucional. Había procurado no definir ni mis derechos ni mis obligaciones. No solicité poderes especiales ni a la Corona ni al Parlamento. Sin embargo, se entendía y se aceptaba que yo asumiría la dirección general de la guerra, con el apoyo del gabinete de Guerra y de la Cámara de los Comunes. El cambio fundamental que se produjo cuando asumí el cargo fue, evidentemente, el hecho de que un ministro de Defensa con poderes indefinidos se encargara de la supervisión y la dirección del comité de jefes del Estado Mayor. Como este ministro coincidía con el primer ministro, tenía todos los poderes inherentes a este cargo, que incluían poderes muy amplios para seleccionar y despedir a todos los personajes profesionales y políticos. De modo que, por primera vez, el comité de jefes del Estado Mayor asumía el lugar que le correspondía en contacto directo y diario con el jefe ejecutivo del gobierno y, de acuerdo con él, ejercía el control absoluto de la conducción de la guerra y las Fuerzas Armadas.

La posición del Primer Lord del Almirantazgo y la de los secretarios de Estado de Guerra y Aviación se vio afectada de forma decisiva de hecho, aunque no en la forma. Ya no pertenecían al gabinete de Guerra ni asistían a las reuniones del comité de jefes del Estado Mayor. Siguieron siendo totalmente responsables de sus departamentos, pero rápidamente y de forma casi imperceptible dejaron de ser responsables de la formulación de planes estratégicos y de la conducción diaria de las operaciones, de las que se ocupaba el comité de jefes del Estado Mayor, actuando directamente bajo la supervisión del ministro de Defensa y primer ministro y, por tanto, con la autoridad del gabinete de Guerra. Los tres ministros de las Fuerzas Armadas, personas muy capaces y muy amigas mías a las que elegí para desempeñar estos cargos, actuaban sin ninguna ceremonia; organizaban y administraban estas fuerzas, cada vez mayores, y colaboraban todo lo que podían de una forma sencilla y práctica, muy inglesa. Disponían de la máxima información porque pertenecían al comité de Defensa y tenían acceso permanente a mí. Sus subordinados profesionales, los jefes del Estado Mayor, lo discutían todo con ellos y los trataban con el máximo respeto. Pero había una dirección general de la guerra a la que se sometían con lealtad. Jamás se derogaron ni se pusieron en entredicho sus facultades, y dentro de este círculo todo el mundo podía decir lo que pensaba; pero la dirección efectiva de la guerra quedó en poco tiempo en muy pocas manos, y lo que antes parecía tan difícil se volvió mucho más sencillo, dejando aparte a Hitler, desde luego. A pesar de la turbulencia de los acontecimientos y de los numerosos desastres que tuvimos que soportar, la maquinaria funcionaba de forma casi automática, y uno vivía en una corriente de pensamiento coherente que se podía traducir con gran rapidez en una acción ejecutiva [...].

La eficacia de una Administración en tiempos de guerra depende fundamentalmente de que las decisiones que emanan de la máxima autoridad reconocida se obedezcan realmente de forma estricta, fiel y puntual. Esto se consiguió en Gran Bretaña durante esta época de crisis debido a la intensa fidelidad, la comprensión y la entusiasta decisión del gabinete de Guerra con respecto al objetivo fundamental al que nos habíamos consagrado. Según las directrices que se daban, se desplazaban barcos, tropas y aviones y giraban las ruedas de las fábricas. Mediante todos estos procesos, y gracias a la confianza, la indulgencia y la lealtad con que fui apoyado, pronto pude dar una orientación integral a casi todos los aspectos de la guerra, algo sin duda necesario por lo espantoso de la situación. El método fue aceptado porque todos se daban cuenta de lo cerca que estaban la muerte y la ruina, y no sólo la muerte individual, que es la experiencia universal, sino también, y mucho más imperiosa, la vida de Gran Bretaña, su mensaje y su gloria [...].

El lunes trece de mayo de 1940 solicité a la Cámara de los Comunes, convocada especialmente, un voto de confianza para la nueva Administración. Después de informar de los avances realizados para cubrir los distintos cargos, les dije: «No tengo nada que ofrecer, excepto sangre, sudor, lágrimas y fatiga». En toda nuestra larga historia ningún primer ministro había sido capaz de presentar al Parlamento y a la nación un programa tan breve y tan popular al mismo tiempo. Finalicé con estas palabras:

Me preguntan: «¿Cuál es nuestra política?» Y yo les digo: Combatir por mar, por tierra, por aire, con toda nuestra voluntad y con toda la fuerza que nos dé Dios; combatir contra una tiranía monstruosa, jamás superada en el catálogo oscuro y lamentable de crímenes humanos. Ésa es nuestra política. Me preguntan: «¿Cuál es nuestro objetivo?». Puedo responder con dos palabras: La victoria, la victoria a toda costa, la victoria a pesar del terror; la victoria, por largo y difícil que sea el camino; porque sin la victoria no hay supervivencia. Fíjense bien: no sobreviviría el imperio británico; no sobreviviría todo lo que el imperio británico representa, no sobrevivirían los impulsos de los siglos, que hacen que la humanidad avance hacia su objetivo. Pero asumo mi misión con optimismo y esperanza. Estoy seguro de que nuestra causa no puede fallar entre los hombres. En este momento siento que tengo derecho a reclamar la ayuda de todos y digo: «Vengan, pues, avancemos juntos, aunando nuestras fuerzas.»

Sobre estas cuestiones sencillas, la Cámara votó de forma unánime y se levantó la sesión hasta el veintiuno de mayo.

De este modo todos comenzamos a trabajar en nuestra común tarea. Nunca recibió un primer ministro británico de sus colegas del gabinete la auténtica y leal ayuda que recibí durante los cinco años siguientes de estos hombres de todos los partidos del Estado. El Parlamento, a pesar de mantener una crítica libre y activa, brindó un apoyo constante y abrumador a todas las medidas propuestas por el gobierno, y la nación se mantuvo unida y entusiasmada como nunca antes lo había estado. Menos mal que así fue, porque estaban a punto de caer sobre nosotros unos acontecimientos de un orden más terrible de lo que nadie hubiera previsto [...].

Fragmentos del capítulo XXII del Libro I *El camino hacia el desastre* (1910-10 de mayo de 1940) y del capítulo I del Libro II *Solo* (10 de mayo de 1940-22 de junio de 1941). Memorias de Sir Winston Churchill *The Second World War*, edición de La Esfera de los Libros (2001).

ASTORIA

LA ANTESALA DE LA BATALLA DE FRANCIA

"Atacaré a Francia e Inglaterra en el momento más favorable y lo antes posible. La violación de la neutralidad de Bélgica y Holanda no tiene importancia. Nadie preguntará por eso cuando hayamos ganado."

(Adolf Hitler, febrero de 1940)

Holanda creía ingenuamente que quedaría al margen del conflicto, que Alemania y los aliados no la invadirían y que, lo mismo que durante la Primera Guerra Mundial, su neutralidad sería respetada. Nada más iniciada la guerra, el gobierno holandés se apresuró a proclamar su condición de país neutral confiando en que nada les sucedería pues, además, el último *Kaiser* Guillermo II vivía exiliado en el país, lo que confería a los ojos de sus gobernantes una cierta garantía respecto a Alemania. Por otra parte, era notoria la simpatía que la opinión pública alemana tenía hacia Holanda.

Sin embargo, pronto vieron que esta nueva guerra adquiría un cariz mucho más peligroso que la anterior conflagración y que el teatro de operaciones iba mucho más allá del abarcado en la Gran Guerra, pues Dinamarca y Noruega, que también se habían declarado neutrales, fueron invadidas por los alemanes en 1940. Ello despertó recelos del gobierno holandés, que comenzó a contemplar la posibilidad de que su territorio también fuese invadido. Tampoco se les escapó el hecho de que en esta nueva guerra el papel de la aviación era mucho más importante que en la anterior, y que su territorio cercano a la costa inglesa podía ser muy apetecible para lanzar desde él ataques aéreos sobre Gran Bretaña.

Sin embargo, muy poco podían hacer. Holanda, únicamente centrada en lejanos conflictos coloniales, no se había rearmado, por lo que su equipo, incluyendo la artillería, era escaso y obsoleto y no contaban, por ejemplo, con casi ningún carro de combate

EL EJÉRCITO BELGA no disponía casi de medios acorazados para oponerse a la invasión de los ejércitos de la Alemania nazi. Un regimiento de infantería desfila en las calles de Bruselas en 1939.

ni ningún aparato de aviación militar moderno. Tampoco habían modernizado su adiestramiento y su territorio carecía de toda fortificación o línea defensiva actualizada, confiando que las inundaciones que podrían provocar abriendo sus esclusas y canales, que constituían sus defensas ya en el siglo XVII, serían suficientes para frenar cualquier invasión terrestre. Únicamente habían levantado algunas barreras de arena, que habían demostrado cierta utilidad en la anterior conflagración. Pero todo ello resultaría inútil ante el masivo y rápido uso de la aviación y de los tanques que los alemanes habían demostrado en la campaña de Polonia, así como ante la posibilidad del empleo de tropas aerotransportadas y paracaidistas, elementos de ataque para los que las defensas del ejército holandés no estaban en absoluto preparadas.

EN LA PRIMAVERA DE 1940, LAS AUTORIDADES HOLANDESAS SEGUÍAN CONFIANDO EN QUE SU PAÍS NO SERÍA INVADIDO

No obstante, a lo largo de 1939 trataron de armarse, pero ningún país les quiso vender armas. Francia y Gran Bretaña, molestas por su falta de firmeza ante Alemania y esta última, lógicamente, tampoco. Hubiera podido, en teoría, recurrir a la URSS, pero en la práctica también era imposible pues ni siquiera había reconocido al estado soviético. Por ello, en la primavera de 1940, Holanda sólo había podido organizar ocho divisiones de infantería y una motorizada. Aun así, las autoridades holandesas seguían confiando en que su país no sería invadido y que, en caso de serlo, sólo serían ocupadas aquellas provincias meridionales precisas para envolver Bélgica, la que sí daban por descontado que sería atacada por Alemania, como ya había sucedido en la anterior guerra mundial.

Sin embargo, los guiños de Hitler hacia el régimen holandés eran amistosos, tanto que incluso resultaban sospechosos. En 1937 la princesa Juliana, hija de la reina Guillermina, se había casado con el príncipe alemán Bernardo von Lippe Biesterfeld, nacido en 1911 y que, como casi toda la nobleza alemana, se había afiliado al partido nazi, aunque él lo hizo en mayo de 1933 con Hitler ya en el poder. Cuando se casó en 1937 con la princesa holandesa se dio de baja en el partido, pero ello no evitó que la prensa de su nuevo país comentase que hubiese sido más conveniente que la joven Juliana hubiese elegido como marido un hombre originario de un país democrático, lo que influyó en la percepción negativa de la opinión pública holandesa hacia el príncipe. Por su parte, el canciller alemán hizo una declaración que, aunque de tono festivo, incluía una premonición siniestra, cuando dijo que el matrimonio de la princesa Juliana con el príncipe alemán era una señal de la alianza entre ambos países y del destino que a ambos se le deparaba en un futuro conjunto. Rápidamente la reina Guillermina rechazó en público las declaraciones de Hitler y años más tarde, ya en la guerra, la corona hizo lo posible por presentar a Bernardo como encarnación de una leyenda rosa, ferviente holandés y dirigente de la resistencia de su país. Nada de esto fue cierto, pues durante toda la guerra permaneció bien alejado de cualquier operación militar, pero sus gestos contra la ocupación y la anterior campaña de propaganda le hicieron ganar la simpatía de sus súbditos. De todas formas no pudo evitarse, años más tarde, que su

BODA REAL EN LOS PAÍSES BAJOS. En 1937, la princesa Juliana, hija de la reina Guillermina I de Holanda, se casa con el príncipe alemán Bernardo von Lippe Biesterfeld.

nombre apareciese en los juicios de Nuremberg como implicado en sus años de pertenencia al partido en el espionaje industrial a favor de la IG Farben, cómplice de la política genocida de Hitler, que dirigía las SS.

Un mes antes de la invasión Holanda seguía tan confiada en que no sería atacada que los alemanes creían que podrían ocupar el país en poco más de un día. Tratando de advertir a los aliados, el coronel Hans Oster, miembro de los servicios de espionaje alemán y conspirador antinazi, lo mismo que su jefe, el almirante Canaris, comunicó a sus colegas holandeses la fecha aproximada de la invasión, pero ni Holanda ni el resto de los aliados se los tomaron en serio, interpretándolo como una maniobra de intoxicación. Una semana antes, vuelve a advertirlo con idéntico resultado, lo mismo que, de nuevo, horas antes, el 9 de mayo a las diez de la noche. Parece que estas últimas advertencias

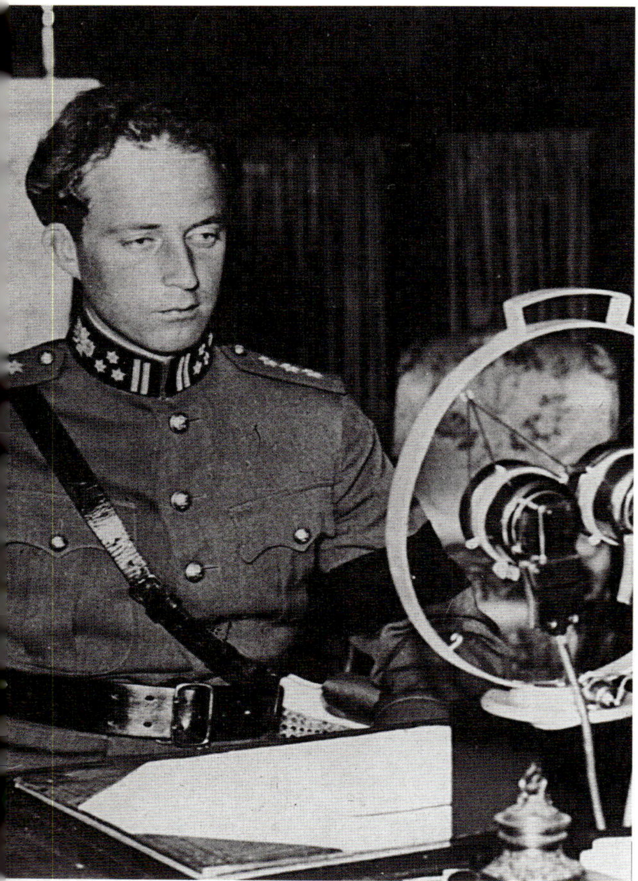

EL JOVEN REY DE BÉLGICA, LEOPOLDO III, dirige un mensaje a sus súbditos por radio en enero de 1939. Eran momentos de gran tensión, por la amenaza expansionista del III Reich que se cernía sobre su país.

fueron escuchadas, al menos parcialmente, por lo que el 7 de mayo, casi un mes después de los primeros avisos, el estado mayor holandés ordena a las 17:00 h el acuartelamiento del ejército, cortando al día siguiente las comunicaciones con el exterior, así como el despliegue de tropas en La Haya y Rotterdam y en ciertos puentes y esclusas de canales. No es hasta el 9 de mayo, víspera de la invasión, cuando las autoridades ponen bajo arresto a Anton Mussert, el máximo dirigente del partido fascista holandés, y a sus principales correligionarios. Sin embargo ya era muy tarde y nada se podía hacer para evitar el ataque alemán.

Bélgica también se había declarado neutral, pero sabía que a pesar de sus deseos, tal como ocurrió en la Primera Guerra Mundial, su territorio se vería inevitablemente afectado en el curso de una ofensiva alemana sobre Francia. Además como había tenido que ceder a Alemania tras la anterior guerra las regiones de Eupen, Malmedy y Moresnet, la inmediata conflagración supondría que estas zonas serían irremisiblemente reclamadas por Alemania, lo que añadía el necesario *casus belli* entre ambos países. Este estado de alerta previa supuso que ya un mes antes del inicio de la invasión, el 11 de abril, Bélgica acuartelase sus tropas y preparase sus 22 divisiones equipadas; un ejército más poderoso que el de su vecina Holanda a pesar de contar con menor población y con menor nivel de desarrollo económico e industrial. La experiencia de la ocupación alemana veinte años antes había sido traumática y no estaban dispuestos a ser invadidos sin oponer resistencia.

Durante ese mes de espera también llegaron a las autoridades belgas filtraciones de la invasión alemana, anunciando que se produciría en los primeros días de mayo. En esta ocasión el medio elegido por los hombres de Canaris para advertir a los aliados fue a través del Vaticano. Los días 4 y 6 de mayo el nuncio papal advirtió al rey Leopoldo de la inminencia del ataque. La Gestapo se dio cuenta de la filtración y trató de encontrar infructuosamente a la fuente.

| ANA FRANK | 1929-1945 |

LA MIRADA DE UNA NIÑA SOBRE LA PERSECUCIÓN CONTRA LOS JUDÍOS

Ana Frank, autora del célebre y polémico diario, nació el 12 de junio de 1929 en Frankfurt, en el seno de una familia alemana que se refugió en Amsterdam, huyendo de la persecución que los nazis habían impuesto en Alemania a los judíos. La familia Frank vivió desde el 9 de julio de 1942 hasta el 3 de agosto de 1944 en un escondrijo habilitado en el desván de un edificio de oficinas del canal Prinsengracht, cuya entrada estaba oculta tras unas estanterías. En ese escondrijo vivían ocho personas: Otto Frank y Edith Hollander, los padres de Ana; ésta y su hermana Margot; el dentista judío Fritz Pfeffer, y el matrimonio Hermann y Auguste van Pels con su hijo Peter. Fue allí donde Ana escribió su *Diario*, en el que recogía las vivencias y escribía sus propias impresiones sobre las personas que vivían con ella en el refugio.

Una vez descubierta, la familia Frank fue llevada a diferentes campos de concentración. Ana fue enviada primero a Auschwitz y más tarde al campo de Bergen-Belsen, donde murió de tifus a finales de febrero o principios de marzo de 1945.

Tras su primera publicación en Holanda, en 1947, con el título *Het Achternhuis* (*La casa de atrás*), y las posteriores reediciones como *Diario de Ana Frank*, el libro obtuvo un gran éxito, siendo traducido a más de sesenta idiomas y con unas ventas de más de 350 millones de ejemplares.

Los simpatizantes nazis, al igual que negaban el Holocausto, negaron la autenticidad del diario, pero sus patrañas pudieron ser combatidas en los tribunales. Así, Otto Frank, padre de Ana y único superviviente de la familia, tomó en 1959 acciones legales contra un antiguo profesor de las juventudes hitlerianas, Lothar Stielau, que sostenía la falsificación del *Diario*, pero el tribunal de Lubeck sentenció que era auténtico. Posteriomente, en 1976, Otto Frank obtuvo una nueva victoria en los tribunales, en esta ocasión en Frankfurt y contra Heinz Roth, quien fue advertido de que si persistía en la publicación de folletos sosteniendo la negación de la autenticidad del *Diario* sería condenado a pagar una multa de 500.000 marcos y habría de cumplir seis meses de cárcel. [P.G.]

LA NIÑA JUDÍA-HOLANDESA ANA FRANK escribiendo en su casa de la plaza Merwedeplein, en Amsterdam, en 1941. El diario en el que narró el encierro de su familia constituye uno de los testimonios más desgarradores sobre el Holocausto.

Al igual que el resto de políticos aliados, el rey belga Leopoldo III pensó que también formaba parte de una campaña de intoxicación, por lo que no dio excesiva importancia a la revelación.

Sin embargo, la sociedad belga tenía un problema aún mayor, que además había trasladado al ejército y que la hacía sumamente vulnerable a un ataque: su división interna entre flamencos, de idioma holandés, que constituían aproximadamente un 60 % de la población, y los valones de habla francesa, que representaban el 40 % restante.

La rivalidad entre ambas comunidades no había dejado de crecer en los últimos años, algo que los alemanes habían estimulado por todos los medios con su *Flamenpolitik*, desarrollada ya durante la Primera Guerra Mundial en las zonas por ellos ocupadas. El objetivo de esta política era abogar por la independencia de los flamencos del estado belga pero, de hecho, había detrás un intento pangermanista de anexionarse o influir en todo Flandes. Ello llevó, por ejemplo, a que en 1916 se estableciese en Gante la primera universidad únicamente en flamenco y que fue bautizada con el nombre del gobernador militar alemán de las fuerzas de ocupación. Al año siguiente el país ocupado fue dividido administrativamente en dos zonas: Flandes, con capital en Bruselas, y Valonia, con capital en Namur. De esta manera, contentando por igual a los separatismos de ambos lados, los ocupantes alemanes pensaban contar con un importante apoyo de la población local.

ALEMANIA HABÍA ESTIMULADO LA RIVALIDAD ENTRE FLAMENCOS Y VALONES, LAS DOS PRINCIPALES COMUNIDADES DEL PAÍS

Con la subida de Hitler al poder se retomó en los estudios teóricos del partido nazi el tema de la *Flamenpolitik*, pero aún con un sesgo más radical en el sentido de favorecer a los territorios flamencos que, junto a Holanda, deberían pasar a formar parte del gran Reich en base a sus supuestos y grandes elementos comunes, históricos y culturales, con Alemania.

Pues bien, en una complicidad involuntaria con estos planteamientos que luego tendrían consecuencias funestas, en 1938 el ejército belga segregó sus unidades basándose en la lengua, lo que contribuyó en mucho a la división interna que el país sufría entre flamencos y valones.

En medio de las líneas de avance alemanas quedaba, como siempre, el pequeño ducado de Luxemburgo. Con apenas 290.000 habitantes. Su escaso territorio, su geografía y su casi inexistente ejército hacían totalmente imposible pensar en cualquier tipo de resistencia, a pesar de que en los años anteriores sus autoridades habían tratado de llevar una política amistosa hacia la Alemania nazi, y que había provocado no pocas protestas. No obstante, a finales de 1938 la gran duquesa Carlota llamó a filas a 300 voluntarios que formaron en febrero de 1939 una compañía. A finales de agosto de ese año, y ante el clima bélico, el parlamento otorgó plenos poderes a la soberana y a mediados de septiembre llamó a 125 reclutas más. A principios de abril de

EN EL CASTILLO REAL DE LAEKEN, residencia oficial de los monarcas belgas situado en las proximidades de Bruselas, dos soldados alemanes izan la bandera del III Reich, para dejar constancia de su conquista en mayo de 1940.

MIENTRAS LA 'WEHRMACHT' INVADÍA LOS PAÍSES BAJOS, el Ejército Rojo invadía los Países Bálticos. En la foto, soldados del Ejército de Letonia desfilando por una calle de Riga, en dirección a su acuartelamiento.

1940, cuando ya se vislumbraba inminente la invasión, la duquesa anunció un plan de evacuación de la capital. Un mes después, días antes del ataque alemán, la gran duquesa abandonó Luxemburgo junto a su esposo y sus seis hijos y parte de su gobierno con destino a París, y más tarde a Gran Bretaña y Canadá, en donde se formó un gabinete en el exilio. Cuando el día 10 de mayo las tropas ocupantes invadieron el ducado, no encontraron ninguna resistencia por parte ni del ejército, ni de la policía, ni de la población, conscientes de que era imposible oponerse al ejército alemán.

La inútil resistencia holandesa

A primeras horas de la mañana del día 10, la reina Guillermina fue despertada y llevada a un refugio. A pesar de la promesa de respetar la neutralidad de Holanda, y sin previa declaración de hostilidades, Alemania estaba procediendo a la invasión lanzando paracaidistas para tomar los lugares estratégicos y capturar al gobierno y a la familia real. A las pocas horas el reino de los Países Bajos declaraba la guerra a Alemania y ofrecía su apoyo a los aliados, mientras trataba de hacer frente a la avalancha que se le venía encima. Dado que el ejército alemán, despreciando la capacidad defensiva de los holandeses, había destinado unidades de segunda categoría a excepción de los paracaidistas, la conquista de Holanda se prolongó hasta cinco días. A pesar de su notoria inferioridad de medios y hombres, los soldados holandeses plantearon una fuerte resistencia y, al final, sólo se pudo forzar una rápida rendición tras el devastador bombardeo de Rotterdam, que causó unos mil muertos y un devastador incendio que provocó que casi 30.000 edificios, incluyendo viviendas, iglesias y colegios, quedasen destruidos y unas 80.000 personas sin hogar.

Hitler temía que los británicos desembarcasen en Holanda o utilizasen sus aeródromos, por lo que ordenó que se acabase con la resistencia rápidamente. Ante las amenazas alemanas de proceder igual contra el resto de ciudades en caso de no producirse una inmediata capitulación, el gobierno se rindió a las 11:30 h del 15 de mayo, tras cinco días de combates. Dos días después todo el país quedaba ocupado en su totalidad. Las bajas fueron importantes pese a la brevedad de las hostilidades, lo que demuestra la fuerte resistencia local: unos 9.000 soldados holandeses muertos, 16.000 heridos y unos 3.000 civiles también muertos. Estas cifras son orientativas ya que difieren notablemente en función de las fuentes y los autores consultados.

|GUILLERMINA I DE HOLANDA|

|1880-1962|

LA FIRMEZA ANTE EL ENEMIGO DE UNA REINA MUY POPULAR

La reina de Holanda nació en 1880, gobernando desde 1890 hasta 1948. De joven ya mostró antipatía por los británicos debido a la guerra de los bóers en Sudáfrica, y se ganó la simpatía de la población por esos gestos de apoyo hacia los bóers, holandeses de origen. Sus inversiones la convirtieron en la mujer más rica del mundo, y en la Primera Guerra Mundial, aunque mantuvo su neutralidad, estrechó las relaciones amistosas con Alemania. Su defensa de este estatus ante todas las partes implicadas en el conflicto le granjeó aún más las simpatías de la población. Al final de la guerra dio asilo al *Kaiser,* impidiendo con determinación que fuese extraditado.

Durante el exilio tras la invasión alemana de 1940 sus relaciones con su gobierno fueron malas, exigiendo tener más protagonismo dada su popularidad y prestigio internacional. Una importante crisis se desencadenó cuando el primer ministro Dirk Jan de Geer planteó buscar con los nazis una paz por separado, pensando que los alemanes ganarían irremisiblemente la guerra. A ello se opuso terminantemente la reina, quien le depuso de su cargo. Sus mensajes por radio fueron decisivos para mantener elevada la moral de su pueblo, en los que no dudaba en acusar a Hitler de enemigo de la humanidad. Una bomba sobre su residencia en Inglaterra estuvo a punto de acabar con su vida, por lo que se trasladó por una temporada a Canadá. En 1944 fue condecorada con la Orden de la Jarretera, en medio de los encendidos elogios de Churchill por su determinación, calificándola del "único hombre de verdad en los gobiernos del exilio en Londres".

Cuando llegó la liberación no supo aceptar de nuevo su papel secundario tras los políticos y los partidos. Tampoco entendió la inaplazable necesidad de dar la independencia a las colonias asiáticas, por lo que comenzó a perder popularidad. El resultado fue su abdicación en 1948, tras un reinado de 58 años, en su hija Juliana, pasando a una posición mucho más discreta que sólo abandonó para socorrer y animar a su pueblo en la gran inundación de 1953. Murió en 1962, a los ochenta y dos años. [J.C.L.]

JUNTO A LA PRINCESA JULIANA, la reina Guillermina I de Holanda saluda a sus súbditos desde el coche real en las calles de Amsterdam el 23 de mayo de 1936.

Poco antes, el día 12 la familia real comenzó la evacuación y, al día siguiente, no sin cierta resistencia por parte de la reina, ella junto al gobierno y las reservas de oro siguieron el camino marchando todos al Reino Unido. Desde este país formó un gobierno en el exilio que mantuvo el alma de la resistencia colaborando activamente con los aliados. La capitulación sólo afectaba al territorio de la metrópoli, pues las colonias siguieron dependiendo oficialmente del gobierno en el exilio. Por este motivo, cuando Japón invadió las posesiones holandesas en las Indias Orientales, ambos estados entraron oficialmente en guerra.

La difícil situación de Leopoldo de Bélgica

Simultáneamente al ataque contra Holanda, y también sin declaración de guerra, se produjo el de Bélgica, que igualmente, a primeras horas de la mañana del día 10 de mayo declaró la guerra a Alemania. A pesar de que su ejército era más numeroso que el holandés, y de tener fortificaciones en la frontera, sus defensas fueron rebasadas y fue obligado a batirse en retirada. Pronto se vio la diferente combatividad entre las unidades compuestas por valones y flamencos. Mientras las primeras trataban de resistir, las segundas, en una gran proporción, se rindieron en masa sin apenas disparar un tiro o tras una tímida resistencia. El número de bajas más acusado entre las unidades valonas refleja perfectamente esta distinta predisposición. Esta diferencia de actitud se produjo en varios enclaves y fue decisiva para que toda la línea defensiva se viniera abajo. Conscientes de ello, los alemanes comenzaron a tratar con rasero diferente a ambas comunidades y el día 23, por ejemplo, el estado mayor ordenó que ninguna ciudad flamenca fuese bombardeada por la *Luftwaffe* y que ese castigo quedase únicamente reservado para las valonas.

Mientras tanto, el gobierno belga se había refugiado en Gran Bretaña, mientras que su rey decidió quedarse al frente de su ejército combatiendo y compartiendo la suerte de sus hombres. Por su parte, el día 19, los alemanes decretaron la integración inmediata en Alemania de las tres regiones perdidas en

| LEOPOLDO III DE BÉLGICA | 1901-1983 |

EL REY TRAIDOR QUE SE RINDIÓ A LOS ALEMANES

Nació en noviembre de 1901 en Bruselas, reinando entre 1934 y 1951, cuando abdicó en su hijo Balduino. Combatió como voluntario, como cabo, a los catorce años en la Primera Guerra Mundial. En 1926 se casó con la princesa Astrid de Suecia, quien murió en un accidente de tráfico en 1935. Su capitulación en 1940 le granjeó muchas antipatías tanto en Bélgica como en las esferas aliadas. Quedó recluido en el castillo de Laeken y, aunque cuidó de no participar en ningún acto en el que pudiera aparecer como colaboracionista, en 1941 se entrevistó con Hitler para interceder por los prisioneros valones, logrando la liberación de parte de ellos y mejoras en el trato del resto. A finales de ese mismo año se casó con Lilian Baels, pero el parlamento le negó la condición de reina así como los derechos sucesorios a sus hijos. Ante el avance aliado es trasladado a Alemania en 1944, siendo liberado por los norteamericanos en 1945. Al acabar la guerra el parlamento belga nombra a su hermano Carlos como regente, acusando a Leopoldo de traición por rendirse ante los alemanes, por lo que se traslada a Suiza. Un referéndum sobre su retorno se saldó afirmativamente con más del 57 % de los votos, pero a su regreso como rey estallaron importantes incidentes de los que resultaron tres muertos. Ante ello, y para evitar una guerra civil, abdicó en su hijo el 16 de julio de 1951, cuando Balduino accedía a la mayoría de edad. A pesar de ello siguió siendo el jefe de la familia real hasta que Balduino se casó, momento en el que se retiró a la vida privada. Murió en 1983. [J.C.L.]

LOS BELGAS PASARON factura al rey Leopoldo III por su rendición ante los alemanes. En el año 1951 se vio obligado a abdicar a favor de su hijo Balduino.

ARTHUR SEYSS-INQUART fue nombrado 'gauleiter' (gobernador) de Holanda por los alemanes. En el centro, presidiendo una parada militar celebrada en Amsterdam en 1941.

beneficio de Bélgica en 1918. Cuando el día 27 el frente se rompió, el rey Leopoldo III decidió parlamentar con los alemanes. No sólo vio inevitable la derrota, sino que al parecer estaba muy desmoralizado por la distinta reacción de sus unidades militares y se convenció de la inutilidad de la resistencia. Además temía que de proseguirla, haciendo caer el esfuerzo fundamentalmente sobre las espaldas valonas, supondría una división más profunda del reino y un estímulo de la *Flamenpolitik* ya aplicada por los alemanes en la Primera Guerra Mundial.

Los invasores exigieron la inmediata rendición y que se les dejase camino libre hasta el mar. Al día siguiente, el 28 de mayo, el rey aceptó la rendición en contra de la opinión de su gobierno y de los aliados franceses y británicos que se indignaron ante la decisión real. El gabinete belga en el exilio disintió de la rendición y, aunque con el territorio ocupado, decidió luchar por la liberación de su país en el bando aliado. A partir de ese momento la figura de Leopoldo III estuvo manchada y su futuro político acabado cuando llegó la victoria aliada.

El balance de bajas es ilustrativo. A pesar de contar con un dispositivo defensivo más importante que sus vecinos del norte, con una red de fortificaciones y con un ejército más numeroso, y de que la guerra en Bélgica se prolongó durante dieciocho días, sus bajas totales fueron menores que las holandesas: 7.600 soldados muertos y 15.000 heridos.

El 18 de mayo llegó a Holanda el nuevo gobernador del III Reich, el austríaco Arthur Seyss-Inquart, con el objetivo de asimilar rápidamente a los conquistados en lo que habría de ser una futura provincia más de

Alemania. Con una política de guante blanco, y resaltando los vínculos históricos y culturales entre los dos estados, la represión fue casi inexistente en los primeros tiempos, aunque se procedió rápidamente a germanizar el país a golpe de ley y suprimieron, para empezar, las libertades democráticas. Cínicamente Seyss-Inquart invitó a la reina Guillermina y a su gobierno a volver a su país, lo que, obviamente, rechazaron.

Nada más producirse la ocupación, las autoridades militares alemanas se presentaron en la residencia del *Kaiser* Guillermo II, exiliado en Holanda. Le cumplimentaron y le asignaron una guardia de honor. Al enterarse Hitler montó en cólera, pues el viejo monarca, por más alemán que fuese, no dejaba de representar el viejo y corrompido orden burgués al que responsabilizaba de la derrota en la Gran Guerra, por lo que ordenó retirarle todo honor. De paso cortaba toda veleidad de restauración monárquica que pudiese quedar en Alemania. La animosidad era mutua, pues el anciano monarca prusiano no podía soportar que un vulgar cabo austríaco estuviese al mando del aristocrático ejército alemán. No obstante, su muerte, acaecida un año después, fue aprovechada con fines propagandísticos por los alemanes y fue enterrado con la esvástica, a pesar de que el difunto había dejado testado que sólo quería ser homenajeado con la bandera de la monarquía. Su deseo de no ser inhumado en Alemania mientras no se restaurase la monarquía sí fue respetado.

'HOMBRE CON UN CASCO DORADO', atribuido a Rembrandt. Este retrato de un guerrero desempeñó un papel destacado en la campaña de exaltación de la figura del pintor, en cuya obra Hitler vio la encarnación del alma germánica.

En su campaña de granjearse la simpatía de los holandeses, los alemanes encontraron rápidamente un icono: Rembrandt. Instauraron el día de su nacimiento, el 15 de julio, como día festivo en sustitución del cumpleaños de la reina, y se lanzaron a homenajearle publicando sellos con su imagen, creando premios con su nombre, así como escribiendo una ópera y una película sobre su biografía. Continuamente se reproducían exaltaciones que los líderes nazis, comenzando por el mismo Hitler, declaraban sobre el pintor, en donde, por supuesto, se destacaba la profunda alma germánica que, según ellos, se veía en toda su obra, sobre todo cuando sus luces vencían a las sombras. Especialmente se destacaron las opiniones expresadas por el canciller alemán cuando vio *Hombre con un casco dorado*, que según él reflejaba perfectamente las cualidades heroicas de los soldados, lo que convertía al pintor en un perfecto ario. Para vincularlo más al proyecto nazi, en *Rembrandt* ,la película sobre su vida producida en 1941 por el III Reich y rodada en Amsterdam, se destacaba que los problemas económicos que había padecido el artista habían sido causados por los judíos, que le pagaban a muy bajo precio sus lienzos.

‘FALLSCHIRMJÄGER’. UNIDADES DECISIVAS EN LA VICTORIA ALEMANA DE 1940

Durante la invasión de Holanda y Bélgica, los paracaidistas tuvieron una importancia decisiva. Entrenamiento, rapidez, iniciativa y capacidad de combate son factores que convertirán al paracaidista en un soldado superior al resto.

EL MONO DE SALTO
También llamado blusón de salto, los propios alemanes se referían a él como “saco de huesos”. Era verde (de un color y tejido que los alemanes denominaban *Grünmeliert*) y sin bolsillos. Lo utilizaban para cubrir el equipo y evitar que el paracaídas se enganchara en alguna traba.

EL CUCHILLO DE GRAVEDAD
Esta pieza era utilizada por los soldados para desenganchar el paracaídas en caso de aterrizajes en árboles o enfrentar otros obstáculos, al tiempo que les servía de arma en caso de no disponer de ninguna otra.

Los paracaidistas que atacaron los puentes sobre el canal Alberto y el fuerte Eben-Emael realizaron sutiles cambios en su uniforme: modificaron sus monos de salto, añadiéndoles bolsillos, y aplicaron barro a sus cascos para camuflarlos mejor. Por lo demás, sus uniformes eran exactamente iguales al del resto de sus compañeros.

Sin embargo la campaña de asimilación alemana pronto fracasó. Las continuas llamadas a la lucha que desde la BBC lanzaba la reina, así como la decidida acción de la izquierda holandesa, llevaron a la creación de una importante red de resistencia con apoyo en la cercana Inglaterra. Por otra parte enseguida se vio la cara menos amable de la ocupación. Más de medio millón de holandeses se vieron sometidos a trabajos forzados al servicio de los alemanes, la mitad de ellos en Alemania, para cubrir las necesidades de mano de obra del Reich. Los sindicatos clandestinos respondieron con una huelga general en 1941 (la primera que se produjo en toda Europa contra los nazis), siendo ejecutados sus dirigentes. También el levantamiento del Muro Atlántico, que habría de impedir un posible desembarco aliado, provocó la destrucción y abandono de más de 30.000 viviendas y el desplazamiento de unas 100.000 personas.

DURANTE LA OCUPACIÓN LOS HOLANDESES SE ESPECIALIZARON EN FORMAS SUTILES DE RESISTENCIA

Por su parte los estudiantes debían jurar lealtad al nuevo régimen, so pena de ser deportados a trabajar a Alemania, mientras que también quedaban prohibidos todos los aparatos de radio. A la muerte de algún colaboracionista o militar alemán, los ocupantes respondían con la ejecución de unos 50 civiles. A todo ello había que sumar la severa represión que cayó sobre la importante comunidad judía del país, que provocó que de los 150.000 judíos existentes al inicio de la guerra, sólo sobreviviesen 30.000. Ante la magnitud de la represión, los ferroviarios encargados de la deportación se pusieron en huelga y la misma Iglesia católica desafió a los ocupantes denunciando la situación. Con estas medidas estaba claro que cualquier intento de asimilación germánica estaba condenado al fracaso. El resultado final fue que unos 220.000 holandeses de toda condición murieron en la guerra, lo que representa un porcentaje muy elevado dada su población de unos nueve millones de habitantes.

La magnitud de estas cifras explica también el amplio movimiento de resistencia al ocupante, que se produjo tanto en el plano armado como en el civil. En el primero se enmarcaron las células resistentes armadas con apoyo inglés, o pilotos que en el seno de la RAF actuaron durante toda la guerra. Entre estos últimos destacó, por ejemplo el condecorado Eric Hazelhoff Roelfzema, piloto de guerra que fue además ayudante de la reina. Entre los civiles destacaron una serie de personas que, desafiando las órdenes de las fuerzas de ocupación y jugándose la vida, dieron cobijo a judíos o resistentes. Fue el caso de Miep y Jan Gies, que ayudaron a la familia de Ana Frank, Corrie ten Boom y su familia o Marion Pritchard, muchos de los cuales lo pagaron con la muerte o prisión.

Durante la ocupación los holandeses se especializaron en formas sutiles de resistencia que enervaban a las autoridades. Por ejemplo, y antes de la deportación masiva de judíos, exageraban las muestras de cortesía hacia todo el que llevase cosida una estrella de David, dejándole el sitio en el tranvía o saludándole efusivamente aunque no le conociesen. También procedieron a abandonar los cines en masa cuando se emitían los documentales alemanes, lo que

FOTOGRAFÍA DE LA FAMILIA FRANK, tomada después de una boda, el 16 de julio de 1941. En ella aparecen Margot Frank, Ana Frank y Otto Frank, con unos amigos de la familia.

llevó a las autoridades a prohibir la salida de las salas cinematográficas antes de que acabase la sesión completa. O tarareaban el himno nacional en la fecha del aniversario de la reina. Por supuesto la mayor parte de los pintores holandeses rehusaron participar en los recién creados premios Rembrandt, dejando en ridículo a los organizadores.

No obstante también hubo acciones contundentes y, aparte de matar a destacados colaboracionistas o dignatarios nazis, la resistencia asaltó el registro civil en Amsterdam imposibilitando así la identificación de los judíos de la ciudad, además de nudos ferroviarios, estaciones de alerta aeronaval y otras infraestructuras vitales.

Tras la rendición belga, los alemanes sometieron a una prueba lingüística a todos los prisioneros para determinar si eran flamencos o valones, mientras una administración militar se encargaba de gestionar la ocupación.

CAE LA FORTALEZA BELGA: ASALTO A EBEN-EMAEL

El fuerte Eben-Emael estaba considerado el más potente del mundo al inicio de la guerra. Un grupo de 80 paracaidistas alemanes logró neutralizarlo en pocos minutos el 10 de mayo de 1940, abriendo las puertas de Bélgica a las unidades acorazadas.

El fuerte de Eben-Emael era el más poderoso de los cuatro nuevos fuertes construidos por los belgas para asegurar la protección de la frontera germano-belga. Era considerado prácticamente inexpugnable por su artillería, diseño y protección, un mito que la *Wehrmacht* destruiría con una ofensiva fulminante.

Artillería del fuerte:

Batería 1: cúpulas y casamatas de la superestructura.
Cúpula 120: 2 cañones de 120 mm (alcance de 17,5 km)
Cúpula Nord: 2 cañones de 75 mm (alcance de 11 km)
Cúpula Sud: 2 cañones de 75 mm (alcance de 11 km)
Casamata Maastricht 1 y 2
Casamata Visé 1 y 2: cada una de ellas con 3 piezas de 75 mm (alcance de 11 km)

Batería 2: bloques de defensa próxima del fuerte.
Casamatas Mi-Nord y Mi-Sud (armadas sólo con ametralladoras)
Bloques I, II, IV, V, VI, OI, Canal Nord, Canal Sud (equipados con 1 o 2 cañones de 60 mm, 1 o 2 ametralladoras y 1 proyector, así como una pequeña cúpula de observación)

Otros: batería de ametralladoras antiaéreas y 3 cúpulas de observación (Eben 1, 2 y 3)
Guarnición total: **1.320 hombres**

Perfil del fuerte que permite ver la conexión entre los distintos búnkeres. Una compleja red de túneles de 5,5 km conecta todos los refugios subterráneos entre sí.

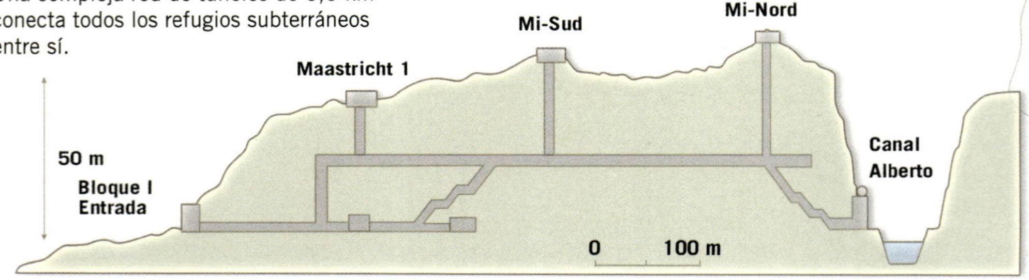

DFS 230
Planeador de asalto

Número de unidades construidas:
1.022
Peso máximo al despegue:
2.100 kg
Velocidad de arrastre:
unos 140 km/h
Capacidad:
unos 8 soldados equipados
Coste unitario:
7.500 marcos de la época

Objetivos de los once planeadores:

- **1** Casamata Maastricht 2
- **2** Se desviaría hacia el puente de Kanne tras un incidente en la ruta
- **3** Casamata Maastricht 1
- **4** Casamata Mi-Nord
- **5** Ametralladoras antiaéreas y Cúpula Sud
- **6** Falsa cúpula de 120 y Bloque Canal Nord
- **7** Falsa cúpula de 120
- **8** Cúpula Nord
- **9** Casamata Mi-Sud
- **10** Casamata Visé 1
- **11** Reserva

Los objetivos secundarios eran: Casamata Visé 2, Bloque Canal Sud, Bloque OI, Bloque I, Bloque V y Bloque VI.

Paracaidista alemán

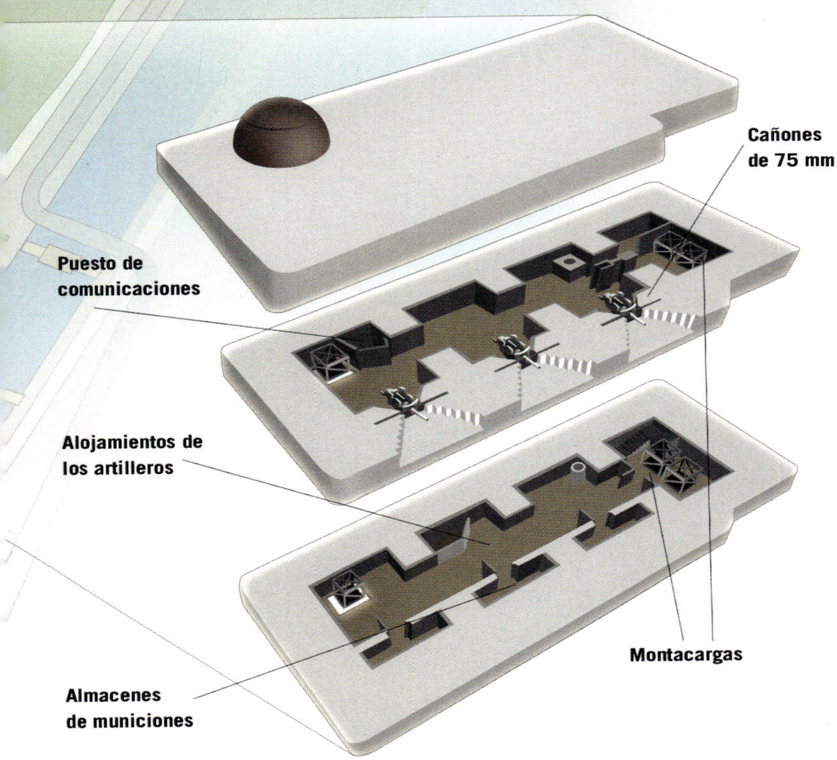

Carga hueca de 50 kg

Diseñada para perforar el blindaje de las cúpulas acorazadas.

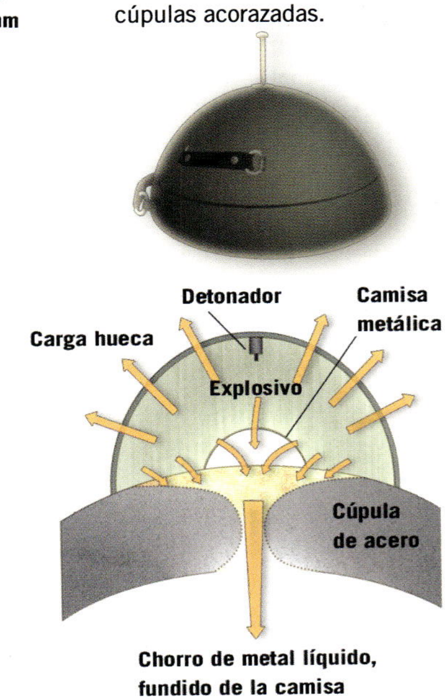

Los que fueron aprobados como flamencos inmediatamente quedaron en libertad aduciendo la tradicional fraternidad de su cultura con Alemania, así como su sumisión en el campo de batalla, aunque los alemanes se limitaron a decir que eso era un premio hacia ellos por haber combatido sin crueldad hacia las fuerzas alemanas; en cambio los militares valones fueron en su mayor parte recluidos hasta el fin de la guerra. En total fueron unos 75.000 de estos últimos los que permanecieron cautivos, mientras que sólo 2.000 flamencos rehusaron gozar de la libertad mientras sus compañeros francófonos seguían presos.

ESCUDO DE ARMAS de Bélgica. El león del centro fue el blasón personal del rey. Este escudo fue adoptado en 1837.

Esta discriminación cumplió sus cometidos: granjearse los alemanes el apoyo y simpatía de los flamencos y dividir aún más a la frágil sociedad belga. Los propios dirigentes nazis declararon públicamente que si todo el ejército belga hubiese sido flamenco hubiesen entrado en el país sin disparar un tiro, y que eran los valones los que mantenían vivo el recuerdo de la Primera Guerra Mundial y el sentimiento anti-alemán, por lo que la represión debía centrarse en ellos. En otoño de 1944, sólo dos meses antes de que los alemanes tuviesen que retirarse de Bélgica, se decretó que Flandes pasaba a formar parte del III Reich como una provincia más, en un último intento de volver a movilizar a todos los hombres para resistir el avance de las tropas aliadas, aunque ello resultó casi imposible.

Esta gran diferencia de sensibilidad ante la ocupación alemana se trasladó a la lucha contra el ocupante. De las acciones de la resistencia belga contra los alemanes, se calcula que un 85 % se dieron en la zona valona y en Bruselas, mientras que en la flamenca, más poblada, sólo se dio el 15 % restante. Quizás la más famosa red belga de resistencia fue la Red Cometa, organizada por la joven enfermera de Bruselas Andrée de Jongh, que logró evacuar a unos 800 pilotos aliados caídos en Bélgica y Holanda. Cruzando Francia y entrando en España, eran conducidos finalmente a Gibraltar, desde donde volvían a Gran Bretaña. A finales de 1943 fue descubierta y desmantelada, sufriendo una dura represión por parte de los nazis. También fue digna de mención una red de carteros de Bruselas que interceptaban las cartas en donde se delataba a resistentes y repartían propaganda clandestina. A pesar de ello la oposición a los ocupantes fue menor que en Holanda, lo mismo que el número final de víctimas mortales belgas. Fueron unos 77.000 los militares que murieron, combatiendo tanto en el bando aliado como en el alemán, y unas 13.000 las víctimas civiles fruto de la represión alemana y de los bombardeos aliados.

Mención aparte merece el caso de los judíos, que formaban una comunidad de unos 65.000 miembros en toda Bélgica al inicio de la guerra y de los que sólo sobrevivieron la mitad. En la zona flamenca, entre Bruselas y Amberes, estaba el pequeño campo de concentración de Breendonk, a cargo de las SS y con especial presencia entre sus miembros de voluntarios flamencos. En él estaban recluidos sobre todo los miembros de la resistencia, así como algunos judíos, y todos solían ser deportados al cabo de unos meses a los campos de exterminio del este de Europa. Por el campo llegaron a pasar unos 3.600 internos, de los cuales 500 se dejaron allí la vida. De este campo también dependía otro próximo, el de Mechelem, cuyas cifras fueron mucho más siniestras. En él fueron recluidos más de 25.000 judíos belgas, de los que murieron casi todos, así como 350 gitanos con idéntico final.

En Luxemburgo no hubo ningún tipo de resistencia activa durante toda la guerra y sólo al principio se dio cierto rechazo popular a hablar alemán (los ocupantes habían prohibido el francés) como muestra de protesta,

TRAS LA INVASIÓN DE LUXEMBURGO, un refugiado emprende el camino del exilio en un carro de caballos con los enseres y mobiliario que ha podido salvar, en mayo de 1940.

aunque la cuestión no llegó más lejos. Los nazis se apresuraron a llamar a voluntarios a sus filas, lo que prendió en varios de los jóvenes de ascendencia alemana que vivían en el ducado. Pero poco tiempo después, en 1942, Luxemburgo fue incorporado oficialmente al III Reich y 13.000 de sus súbditos fueron llamados a filas por el gobierno alemán, de los cuales casi 3.000 murieron en la guerra luchando en las filas de la *Wehrmacht* y otros 3.000 desertaron en cuanto pudieron. La obligatoriedad de ir a la guerra provocó una huelga general, a raíz de la cual 21 participantes en ella fueron ejecutados y muchos otros deportados a campos de concentración. Tras la acaecida en Holanda, fue la otra huelga general que se dio en la Europa ocupada. De los 290.000 habitantes con los que contaba Luxemburgo, cerca de 6.000 murieron a lo largo de la contienda entre caídos en combate, a causa de la represión, por los bombardeos o por otras causas derivadas de la guerra.

LA SOBERANA DE LUXEMBURGO, Carlota (1896-1985), animó desde su exilio en Londres a sus compatriotas a unirse a los aliados para combatir a los ocupantes alemanes.

Por su parte, la gran duquesa firmó en el exilio en París un decreto para la formación de la Legión Luxemburgo con voluntarios de su país residentes en Francia para combatir a los alemanes al lado de los aliados. Unos días después la familia real se dirigió a Portugal con la intención de viajar desde allí a Londres, desde donde Carlota lanzó frecuentes proclamas a través de las ondas de la BBC llamando a su pueblo a no perder la esperanza en la pronta liberación.

Un importante colaboracionismo

Como en todos los países ocupados, en los Países Bajos se dio un importante colaboracionismo que ayudó en mucho a la causa alemana. En Holanda el partido nazi local NSB, cuyo líder era Anton Mussert, alcanzó los 100.000 miembros y durante la invasión ayudaron a apoderarse de varios puentes. De todas formas los nazis prefirieron apoyarse en Marinus Rost van Tonningen, que encabezaba el sector más germánico del partido. Él fue la mano derecha de Seyss-Inquart y el encargado de perseguir a todas las fuerzas democráticas ocupando, a continuación, la presidencia de la banca holandesa.

| LÉON DEGRELLE | 1906-1994 |

EL FASCISTA BELGA AL QUE HITLER QUISO COMO HIJO

Perteneciente a una familia católica, nació en junio de 1906 en las Ardenas belgas. Se educó en los jesuitas y en la Universidad Católica de Lovaina, donde se licenció en Derecho. En 1930 fundó el Partido Rexista, de claro corte populista, y denunció a la gran banca judía como manipuladora de la economía belga. A pesar de su catolicismo la Iglesia rompió con él en 1936 y prohibió a los católicos militar en su partido. Abogó por la neutralidad de su país y cuando se produjo la invasión apoyó al rey Leopoldo, aunque luego a las fuerzas de ocupación, lo cual dividió al Partido Rexista. Varios miembros abogaron por la resistencia, y Degrelle desde la prensa colaboracionista declaró en enero de 1941 la unidad del rexismo con el fascismo y el nacionalsocialismo, haciendo pública su admiración por Hitler.

Voluntario en el frente del este, fue ascendiendo desde soldado raso y logrando las más altas condecoraciones hasta alcanzar la Cruz de Caballero con Hojas de Roble. Poco después regresó a Bélgica para luchar en la ofensiva de las Ardenas. Horas antes de acabar la guerra fue nombrado general de las SS por Himmler. Al parecer Hitler declaró, cuando le condecoró en persona, que si hubiese tenido un hijo hubiese deseado que fuese como Degrelle.

Finalizada la guerra se refugió en Copenhague, pasó a Oslo y de ahí emprendió un vuelo que le llevó a España, donde se estrelló con su avión averiado en la playa de San Sebastián. Tras recuperarse de sus heridas se refugió en un monasterio y Franco se negó a entregarlo a los aliados, aunque en un primer momento, y para contentarles, entregó a otra persona con su falsa identidad. Mientras tanto en Bélgica fue juzgado en ausencia, se le retiró la nacionalidad y fue condenado a muerte por traidor. Con documentación falsificada y bajo protección gubernamental se dedicó a los negocios de la construcción en España, y en 1954 recibió la nacionalidad española adoptando el nombre de José León Ramírez Reina, lo que le libró definitivamente del riesgo de ser extraditado. Por esa época ya había logrado reunir a toda su familia con él. Afincado en la Costa del Sol, escapó a diversos atentados e intentos de secuestro organizados por los servicios secretos israelíes. Durante todos estos años jamás renegó de su admiración por Hitler, de sus planteamientos fascistas, y negó el Holocausto a pesar de que ello le costó problemas con los tribunales ya en la España democrática. Hasta el último momento apoyó los movimientos fascistas de España y Europa. Escribió numerosos libros sobre sus convicciones políticas y sus memorias de guerra, prohibidos en Bélgica y en otros países. Falleció en Málaga en 1994, a los 87 años. [J.C.L.]

LÉON DEGRELLE, a la derecha del SS 'Gruppenführer' Richard Jungclaus, fundó el Partido Rexista belga, colaboró estrechamente con los alemanes y combatió contra los comunistas en el frente ruso.

De esta organización surgieron los alcaldes y demás cargos de la administración ocupante. Unos 20.000 de ellos llegaron a formar parte de las SS tras demostrar, por supuesto, que tenían 150 años de sangre limpia. Durante la guerra actuaron en dos frentes, en el ruso y en la propia Holanda. En el primero lo hicieron encuadrados en las unidades de las SS en el frente de Leningrado, siendo trasladados luego a luchar a Yugoslavia y más tarde, ya muy menguados, a la misma Alemania en las últimas fases de la guerra. En el frente holandés formaron los granaderos del *Landstrom Neerderland*, un incipiente ejército nacional de unos 3.500 hombres, que combatió a los aliados en suelo holandés hasta los últimos días de la guerra.

TRAS LA LIBERACIÓN DE LUXEMBURGO, OCHO PERSONAS, ENTRE ELLAS EL JEFE DEL PARTIDO, FUERON EJECUTADAS

En Bélgica el colaboracionismo se dio tanto entre flamencos como valones. Los primeros estaban agrupados en el fascista *Vlaamsch Nationaal Verbond* (VNV, Unión Nacional Flamenca), fundado en 1933 y que también aspiraba a la unión con Holanda compartiendo el sueño de unos grandes Países Bajos. Había sido fundado por Staf de Clerq, quien en 1940 se puso al servicio de los nazis. A su muerte en 1942 fue relevado por Hendrik Elias. De la mano de esta organización se formaron tanto batallones de voluntarios trabajadores en Alemania como fuerzas de combate en el frente del este, integrados también en las SS. Así, en 1941 se creó la Legión Flandes, que trató de encuadrar a los oficiales y suboficiales flamencos del antiguo ejército belga por un plazo de dos años, conservándoles el mismo rango. El número de encuadrados alcanzó los 25.000 y lo mismo que los holandeses fueron destinados al frente de Leningrado. Las bajas se cebaron en ellos, lo que, unido a los militares que no renovaron su compromiso, redujo su participación en los últimos meses de la guerra a unos pocos centenares.

Por su parte los fascistas valones se habían organizado en el rexismo, fundado en 1930 por Léon Degrelle y cuyo nombre se extrae de la proclama en latín *Christus Rex* (Cristo es el Rey). Su ideología derivaba de raíces profundamente católicas de corte integrista, influenciada por el pensador francés Charles Maurras, y enseguida derivó hacia la extrema derecha. En las elecciones de 1936 logró obtener 21 escaños y el 11,5 % de los votos, que se elevó al 19 % al año siguiente, cuando tras acentuar su antijudaísmo comenzó a recibir ayuda financiera alemana. Colaboró con las fuerzas de ocupación y tras la invasión de la Unión Soviética organizó la Legión Walonia, que aunque inicialmente sólo contó con 1.000 hombres, llegó a sumar 10.000 combatientes a lo largo de la guerra, encabezados por el mismo Degrelle. La unidad pasó a llamarse poco después la 28ª División de las Waffen-SS.

Por su parte en Luxemburgo también se constituyó en 1936 un partido nazi, el Partido Nacional Luxemburgués (LNP), que incorporaba a miembros sólo de ascendencia alemana. Tras la invasión se organizó el partido único, bajo la dirección de Damian Kratzenberg, que se amplió a todos los habitantes, llegando a contar con 85.000 miembros. Tras la liberación, fueron ejecutados ocho personas por colaboracionistas, entre ellas el propio jefe del partido.

| EL CONGO DURANTE LA GUERRA |
| 1940-1945 |

LOS ALIADOS OBTIENEN EL CONTROL DE SUS VALIOSOS RECURSOS

Cuando se produjo la ocupación alemana de Bélgica (1940), el Congo, su gran colonia africana, permaneció vinculada al gobierno en el exilio que se instaló en Londres. Se calcula en unos 15 millones los nativos que habitaban la colonia en aquellas fechas, mientras que la elite funcionarial belga era sólo de unos 25.000 miembros. Rápidamente los británicos enviaron fuerzas coloniales desde sus enclaves vecinos para de esta manera asegurar su obediencia al gobierno en el exilio belga y no al monarca Leopoldo III, que se había rendido y que podía ordenar la transferencia de la colonia a la potencia ocupante.

Una vez asegurado su control por parte de los aliados, el siguiente paso fue obtener del Congo todos aquellos productos estratégicos para la guerra. Ello supuso que casi 500.000 congoleños abandonasen su tradicional dedicación a la agricultura y pasasen a formar un proletariado que iba a trabajar, sobre todo, en las minas y en las plantaciones intensivas. El primer objetivo era la obtención de grandes cantidades de uranio, extraídas de la mina de Shinkolobwe, que fueron transferidas a los Estados Unidos y que luego permitirían la fabricación de las bombas atómicas que se lanzarían sobre Japón. Se extrajeron otros minerales como el titanio, el oro, el tungsteno, el cobre y el cobalto. También fue el principal productor mundial de caucho, imprescindible para todas las ruedas de los vehículos, juntas aislantes, cableados y demás componentes indispensables en la industria bélica. Fruto del desarrollo de estas industrias extractivas y los servicios que tuvieron que implementarse para activar la exportación, durante la guerra, la capital Leopoldville creció espectacularmente hasta alcanzar los 300.000 habitantes. Sin embargo este esfuerzo supuso que empeorasen las condiciones de vida de los indígenas, pues los trabajadores de las minas y las plantaciones de caucho fueron forzados en virtud de un nuevo y endurecido reglamento laboral.

Por otra parte al gobierno belga exiliado le interesaba participar, al menos simbólicamente, en la reconquista de su país y de Europa. Por ello, unos cientos de indígenas congoleños bajo el mando de oficiales coloniales belgas combatieron en la conquista del norte de África y luego de Italia, encuadrados en las unidades británicas. Mientras tanto, el enorme esfuerzo económico que tuvo que desarrollar el Congo para suministrar tantos productos a los aliados hizo imprescindible cooptar a puestos administrativos de responsabilidad a indígenas cultos, aunque cobrando una tercera parte que un blanco. Ellos serán el germen del futuro movimiento independentista congoleño, y en sus filas se encontraba el posteriormente impulsor de la independencia Patrice Lumumba. [J.C.L.]

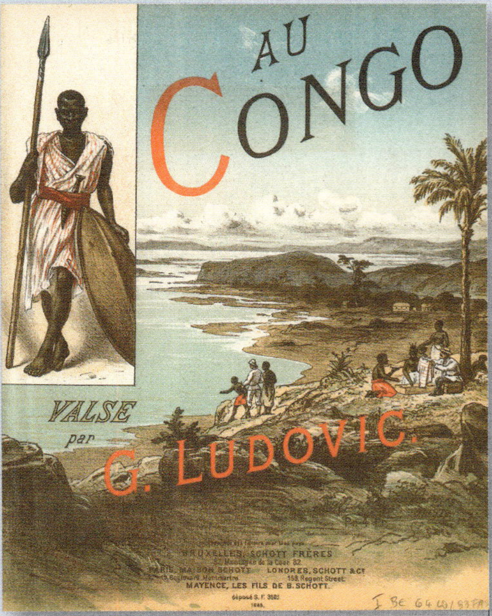

EL IMPERIO COLONIAL BELGA abarcaba la mayor parte del Congo, que durante la ocupación pasó a ser administrado por el gobierno en el exilio.

|1893-1946|

HERMANN GOERING, EL JEFE DE LA 'LUFTWAFFE'

Hombre inteligente, ingenioso, megalómano y morfinómano, cayó bajo el influjo psicológico de Hitler, que lo nombró su sucesor y segundo personaje del III Reich. Su exquisito trato social logró que los nazis parecieran respetables al mundo de las altas finanzas y la industria.

Goering se enriqueció a costa del estado, puso las bases para la policía política y los campos de concentración y fundó y dirigió la *Luftwaffe*. A pesar de sus grandes responsabilidades, al final de la guerra pareció creer que los aliados lo perdonarían, desertó, se entregó a los norteamericanos y luchó en el juicio de Nuremberg por salvar la vida, hasta que fue condenado a muerte y se suicidó.

Nació en Marienbad (Baviera) el 12 de enero de 1893, mientras su padre, Heinrich Ernst Goering, antiguo oficial de caballería y entonces diplomático, ejercía de cónsul general en Haití, desde donde pasó a ser el primer gobernador del África Suroccidental Alemana, hoy Namibia.

Pasó los tres primeros años de su vida separado de sus progenitores, siendo luego prohijado por Hermann Espenstein, un riquísimo amigo de la familia, dueño del castillo de Mauterndorf, en Salzburgo, en cuya fastuosa atmósfera medieval vivió el muchacho, iniciándose en el gusto por la pompa y los vestuarios lujosos.

Al retirarse, su padre se instaló con su esposa, Franziska Tiefenbrunn, y sus cinco hijos en el castillo de Veldestein, también propiedad de Espenstein. Éste ocupaba la habitación principal y era amante de Franziska con conocimiento de su anciano esposo, el padre de Goering, que se consolaba con la bebida y el juego de bolos.

A los dieciséis años Hermann Goering ingresó en la Academia de Educación Militar de Lichterfelde. En 1912 fue nombrado oficial de infantería y destinado al Regimiento de infantería del Príncipe Guillermo nº 112. Al año siguiente su madre rompió con su amante, Espenstein, y la familia abandonó el castillo de Mauterndorf para trasladarse a Munich. Poco después, murió su padre.

Participó en la Primera Guerra Mundial como oficial de infantería pasando luego como observador a la naciente aviación, hasta convertirse en piloto de caza en octubre de 1915. En los últimos tiempos del conflicto mandó la célebre escuadrilla en la que volaba von Richthofen, el "Barón Rojo", y acabó la guerra con 22 derribos confirmados.

Una vez desmovilizado se ganó difícilmente la vida y posteriormente se casó con la aristócrata sueca Karin von Kantzow, recientemente divorciada de un caballeroso militar sueco que incluso les dio algún dinero para vivir. Goering trabajó algún tiempo como aviador en Escandinavia y finalmente conoció a Hitler, ingresando en su Partido Nacionalsocialista (NSDAP), donde fue jefe de su organización paramilitar *SturmAbteilung* (SA, sección de asalto).

En el fracasado golpe de estado nazi de 1923, en Munich, resultó herido gravemente de un balazo. Karin lo recogió y lo trasladó a Austria, donde curó su herida, mudándose luego a Venecia, con la salud quebrantada y convertido en morfinómano a consecuencia de la droga administrada durante su curación.

La mala salud y la falta de trabajo deterioraron su mente hasta el extremo de ingresar en el hospital de Aspudden y, en septiembre de 1925, en un asilo psiquiátrico, cuyos informes médicos lo describieron como persona falta de moral y de carácter débil, predispuesto a la violencia por temor.

Regresó con Karin a Alemania en otoño de 1927 gracias a la amnistía de Hindenburg, iniciándose en representaciones y negocios y uniéndose de nuevo a Hitler, que reorganizaba el partido.

No logró recuperar el mando de las SA, en poder de su enemigo Ernest Roehm, pero en 1928 fue elegido miembro del *Reichstag* por Baviera en la candidatura nacionalsocialista. Por primera vez obtuvo ingresos regulares y, aprovechando las dotes de su esposa para desenvolverse en sociedad, comenzó a reunir en su domicilio a personajes de los negocios y la industria.

En 1930, su actuación durante la ya lejana Primera Guerra Mundial fue recompensada con la condecoración *Pour le Mérite*, la más alta distinción militar alemana. Aquel mismo año, Hitler decidió pactar con la derecha, expulsando a Otto Strasser, principal referencia del ala izquierda del partido. Aceptando la vía constitucional, los nazis avanzaban hacia el poder, con el propósito de acabar luego con la Constitución. En las siguientes elecciones lograron 107 escaños.

El partido intentaba formar una gran coalición de derechas, presentándose a los grandes burgueses como la única garantía contra la revolución y mejorando sus relaciones con la Iglesia católica, a cuyo fin Goering se trasladó a Roma, donde se entrevistó con el cardenal Eugenio Pacelli, más tarde papa Pío XII. Poco después decayó la resentida salud de Karin, que falleció con gran sentimiento de su esposo, que la amaba sinceramente.

Gracias a su contundente oratoria fue protagonista en múltiples mítines y, tras las elecciones de 1932, fue elegido presidente del *Reichstag*, el parlamento alemán. Llevaba también las relaciones de su partido con las otras fuerzas y se hizo miembro del Herrenklub, el club social más exclusivo de Berlín. Reelegido para su cargo del *Reichstag*, trabajó para la promoción de Hitler hasta verlo presidente de un gobierno de coalición conservadora.

En este gabinete fue ministro sin cartera y ministro para la aviación del Reich, además de ser ministro del Interior de Prusia. Desde este último cargo, expulsó a los mandos de la policía prusiana sustituyéndolos por nazis, formó una policía secreta con afiliados al partido y encuadró a 50.000 miembros de las SA (*SturmAbteilung*, sección de asalto) y las SS (*SchutzStaffel*, escuadrón de defensa) en una fuerza auxiliar que extendió el terror entre la población. Nunca fue probada su responsabilidad en el incendio del *Reichstag*, aunque le sirvió de pretexto para detener a los dirigentes comunistas y crear los primeros campos de concentración.

FASCINADO POR LOS UNIFORMES MILITARES de estilo fastuoso, Hermann Goering diseñó personalmente los que lucía como jefe supremo de la 'Luftwaffe' (fuerza aérea alemana).

Cuando Hitler impuso la unificación del aparato represivo para crear un estado-policía, puso a Himmler al frente de la Gestapo, la policía secreta, y de los campos de concentración que había organizado en Prusia. El 20 de febrero de 1933, Goering preparó en el palacio presidencial de Prusia la entrevista de Hitler con un grupo selecto de industriales que concedieron una amplia subvención para las siguientes elecciones. En agosto de 1933, el presidente Hindenburg lo nombró general e inició la costumbre de presumir con los uniformes de sus diversos cargos, confeccionados por uno de los mejores sastres de Berlín.

Cuando Roehm y las SA se convirtieron en un estorbo y Hitler deseó acabar con ellos, colaboró en la "Noche de los Cuchillos Largos", una sucesión de asesinatos y detenciones entre el 30 de junio y el 2 de julio de 1934, que supondría una purga en el interior del partido nazi.

Sin olvidar a Karin, a los tres años y medio de viudedad, se casó con la hermosa actriz Emmy Sonneman, cuando ya gozaba de una buena posición económica gracias a sus cuatro sueldos como presidente del *Reichstag*, ministro del Gobierno y de Aviación y presidente de Prusia, sumados a los rendimientos de lucrativos negocios.

EN 1936 ENVIÓ A ESPAÑA LA LEGIÓN CÓNDOR, LO QUE PERMITIÓ A LA 'LUFTWAFFE' ADIESTRAR SUS TRIPULACIONES Y PROBAR SUS MATERIALES

Pronto unió su poder político a la corrupción recibiendo numerosos regalos, especialmente en sus cumpleaños, y engordó hasta superar los 126 kg. Tras un período como director de Bosques, en 1934 Hitler le entregó un nuevo ministerio que controlaba los poderes forestales y venatorios. Aprovechándose del cargo, adquirió una gran extensión de terreno en el Schorfheide, 65 km al norte de Berlín, donde se hizo construir la Karinhall, una enorme y ostentosa casa de campo que llenó de obras de arte y un pomposo panteón para los restos de Karin, su primera esposa.

Aunque los campos de concentración estaban bajo la autoridad de Himmler, mantuvo continuos contactos con su organización, recabando la ejecución de trabajos forzados, y contribuyó a las campañas contra los judíos, especialmente a su opresión económica y la confiscación de sus bienes, firmando los decretos que los apartaron de la vida pública.

En 1926 había creado la Unión Alemana de Defensa Aérea, para la que compró aviones británicos, reunió técnicos y pilotos, que se entrenaron en la compañía comercial alemana Lutfhansa, y en la Regia Aeronautica italiana y encargó nuevos aviones de combate a la industria alemana. En marzo de 1935, contraviniendo los tratados internacionales, se creó la *Luftwaffe*, que no sólo controlaba la aviación militar sino también la artillería antiaérea, la defensa civil y la industria aeronáutica. En 1936 envió a España la Legión Cóndor, lo que permitió a la *Luftwaffe* adiestrar sus tripulaciones y probar sus materiales, consiguiendo así que, en 1939, fuera la mejor flota militar del mundo, aunque con el defecto de haber sido organizada preferentemente como aviación táctica.

Intrigó para ser nombrado ministro de Defensa, hasta que Hitler se reservó el cargo para sí mismo, compensando a Goering, en 1941, con los nombramientos de *Reichmarschall* y sucesor suyo. La *Luftwaffe* logró éxitos espectaculares en las primeras campañas de la Segunda Guerra Mundial, pero el prestigio de Goering sufrió su primer quebranto al perder la batalla de Inglaterra, en 1941, por errores de planificación estratégica.

Encargado de coordinar la economía de guerra, elaboró un plan cuatrienal y concedió plenos poderes a Reinhard Heydrich para encontrar "una solución final al problema judío", motivando la llamada conferencia de Wannsee, del 20 de enero de 1942, que sentó las bases del Holocausto.

Cuando se endureció el frente del este, en 1943, a pesar de sus promesas, no logró que la *Luftwaffe* abasteciera a los 250.000 soldados en operaciones y acabó superada por el intenso ritmo con que los aliados incorporaban tripulantes y aviones, hasta que sus hombres quedaron condenados a batirse sin esperanza, mientras el máximo responsable vivía suntuosamente.

Obsesionado por acumular obras de arte en Karinhall, perdió progresivamente la confianza de Hitler y su obesidad y aparatosos uniformes lo hicieron antipático. Al final de la guerra había perdido poder político aunque conservaba sus cargos y seguía siendo el segundo y sucesor del *Führer*.

El 23 de marzo de 1945, cuando éste anunció que moriría en el búnker, le envió una carta ofreciéndose a tomar el mando para negociar una paz separada con los aliados. La respuesta fue destituirlo de todos su cargos y arrestarlo, con su familia, en Berchtesgaden, desde donde fueron trasladados al castillo de Mauterndorf. El 5 de mayo, cuando ya Hitler había muerto, fue liberado y escribió una carta al general Eisenhower pidiéndole una entrevista. Posteriormente, lo encontró un destacamento norteamericano, por los caminos donde trasladaba los tesoros que había acumulado con tanto afán.

Inicialmente muy bien tratado, luego fue trasladado a Ausburgo, donde quedó detenido. Los norteamericanos trataron su adicción a la morfina, encarcelado en una celda del Palacio de Justicia de Nuremberg hasta que pasó a disposición del Tribunal Militar Internacional, que lo procesó por conspiración y crímenes contra la paz, crímenes de guerra y crímenes contra la Humanidad. Eligió como defensor a Otto Stahmer, abogado de Kiel, y en el largo juicio de 218 días fue uno de los primeros invitados a presentar su defensa. Negó su culpabilidad, demostró su gran inteligencia y procuró dirigir a los restantes procesados, por cuyo motivo fue aislado y obligado a comer solo. Compitió con el fiscal Robert H. Jackson, a quien puso frecuentemente en aprietos, aunque las pruebas acabaron imponiéndose y se hundió psicológicamente. En los últimos días fingía no escuchar, mantenía la cabeza baja o respondía con monosílabos.

La sentencia se leyó entre el 30 de septiembre y el 1 de octubre de 1946 y fue condenado a morir en la horca. Lo visitó su esposa y el tribunal le denegó la asistencia religiosa por no haberse mostrado creyente. Se decretó que moriría en la horca, pero se suicidó dos horas antes con una cápsula de cianuro, el 15 de octubre de 1946. Fue incinerado, con los ajusticiados de la fecha, y sus cenizas arrojadas al río Isar. [G.C.]

EN SU CELDA DEL PALACIO DE JUSTICIA DE NUREMBERG, Hermann Goering toma una frugal comida el 26 de noviembre de 1945.

CAPÍTULO 01

LOS PAÍSES BAJOS SUCUMBEN ANTE LOS PLANES ALEMANES

Los tradicionalmente llamados Países Bajos, Bélgica y Holanda, habían declarado formalmente su neutralidad tras el estallido de la Segunda Guerra Mundial. Ambos se verían irremediablemente inmersos en el conflicto al ser invadidos por Alemania.

Holanda había logrado permanecer al margen del conflicto europeo de 1914-1918 y, aunque Bélgica era un aliado natural de Francia y Gran Bretaña, naciones junto a las que había combatido en la Primera Guerra Mundial, abandonó el tratado de cooperación militar con estos países con el objeto de preservar su estatuto de neutralidad ante el nacimiento de un nuevo conflicto bélico en Europa. De nada les serviría a Bégica y a Holanda su pretendida declaración de "no beligerancia". Alemania no tuvo ningún reparo en vulnerar el derecho internacional e invadir ambos países, anteponiendo sus propios intereses geoestratégicos, en el mes de mayo de 1940.

El *Oberkommando der Wehrmacht* (OKW, alto mando de las fuerzas armadas alemanas) consideraba que la neutralidad belga era papel mojado, pues entendía que los belgas, en realidad, apoyaban abiertamente a los aliados. En el caso de Holanda, se consideraba que la autorización de entrada de las tropas alemanas en el país podría solucionarse fácilmente a través de la diplomacia, ya que, al fin y al cabo, se decía en Alemania que los holandeses eran "los hermanos alemanes del mar del Norte". Pero no pensaba así la mayoría de los neerlandeses. En última instancia, el alto mando de las fuerzas alemanas consideraba que sería inútil tratar a Holanda y Bélgica con guante blanco, pues si no era la propia Alemania quien ocupaba estos dos países, serían los aliados los que lo harían. No había, pues, por qué andarse con remilgos de ninguna clase con los Países Bajos y demorar por más tiempo la ofensiva.

El 10 de enero de 1940, un inesperado accidente aéreo propició que los aliados tuviesen acceso a los planes alemanes cuando un avión Taifun en el que viajaban dos oficiales con todo el plan de operaciones tuvo que aterrizar en suelo belga. Antes de que

LA FRONTERA GERMANO-HOLANDESA sucumbió con facilidad tras el impacto de la guerra relámpago o 'Blitzkrieg' del ejército alemán. En la imagen, dos soldados holandeses apostados en las líneas fronterizas en enero de 1940.

pudiesen destruir los documentos, fueron capturados por los gendarmes y el plan de operaciones fue puesto en manos de las autoridades militares inmediatamente.

El inesperado "regalo" proporcionado por los dos oficiales alemanes "despistados" causó diversas reacciones en el bando de los aliados. Un diplomático belga entregó un resumen de los planes germanos en el cuartel general francés de Vincennes el día 11 de enero. Algunos desconfiados oficiales del estado mayor del general Gamelin pensaban que aquello no podía ser cierto. Era algo demasiado evidente. Se trataba, según ellos, de una inteligente maniobra de desinformación urdida por los servicios secretos alemanes. Otros oficiales, por el contrario, creyeron que los planes germanos eran reales y que el ataque se produciría el 14 de enero de 1940. Pero el alto mando aliado no sacó verdadero provecho de aquellos documentos providenciales y no se tomaron serias medidas militares al respecto. Bélgica solamente reforzó sus fuerzas terrestres desplegadas a lo largo de la frontera con Alemania y pidió el apoyo de los gobiernos de París y Londres. Los británicos se mostraron bastante reticentes ante la petición belga, mientras que los franceses se comprometieron seriamente con el gobierno belga.

REFUGIADOS BELGAS, huyendo de los ataques de las tropas alemanas a los Países Bajos, llegan en un tren de mercancías a un centro de acogida situado en territorio francés.

En el bando alemán aquel suceso ocasionó una auténtica tormenta en la cumbre. Hitler estaba profundamente enojado, y no era menor el enfado del mariscal Goering, jefe de la *Luftwaffe* que, a la postre, era el último responsable de tamaño desastre. Hitler casi estalló en un verdadero ataque de rabia: había ordenado el desencadenamiento de la ofensiva general sobre el oeste el día 17 de enero y aquello daba al traste con sus proyectos. El mismo Goering sufrió una severa reprimenda del *Führer*. No tardaron en rodar cabezas en la *Luftwaffe*.

Entretanto, en Bruselas, el agregado aéreo germano, general von Wenningen, pudo entrevistarse con los dos oficiales prisioneros. El comandante Reinberger, mintiendo des-

ARMA

MASCHINENGEWEHR MG 34

Ametralladora ligera alemana que se convertiría en una de las mejores de su clase. Una variante más sencilla, la MG 42, sentaría el patrón de las ametralladoras de posguerra. **Calibre:** 7,92 mm. **Peso:** 11,42 kg. **Longitud:** 1,22 m. **Cadencia de tiro:** 900 dpm. **Máximo alcance efectivo sobre trípode:** 3.500 m. **Velocidad inicial:** 755 m/s.

Cléopâtre

EL GENERAL ERICH VON MANSTEIN fue el autor de los planes de ataque alemanes sobre Bélgica y Holanda. Su indiscutible genio militar le llevó a los más altos rangos del 'Heer' en el transcurso de la Segunda Guerra Mundial.

caradamente a su superior, dio palabra de honor de que los documentos habían sido destruidos. Los belgas, que habían colocado un micrófono oculto en el lugar de detención de los prisioneros, naturalmente omitieron mencionar al agregado aéreo alemán que los planes de ataque estaban en sus manos. El general von Wenningen informó a Hitler al respecto, pero el servicio secreto alemán detectó los movimientos de tropas belgas y francesas y comprendió que los documentos eran conocidos por el enemigo. Algunos miembros del OKW consideraban que el plan original se podía llevar a cabo con éxito si se adelantaba la fecha del ataque, pero las condiciones meteorológicas cambiaron y comenzó a nevar copiosamente. Aquello impedía por completo el apoyo aéreo a la operación militar. Así, el destino y la meteorología obligaron a los alemanes a retrasar y a modificar sus planes ofensivos sobre Bélgica, Holanda y Francia.

Los planes ofensivos germanos

El plan inicial de ataque sobre el oeste preparado por los alemanes, denominado *Fall Gelb* (Caso Amarillo) se parecía mucho al llamado plan Schlieffen, puesto en práctica durante la Primera Guerra Mundial, que se basaba en el movimiento envolvente realizado por las fuerzas propias, copando al enemigo, que tanto gustaba a los estrategas germanos. Pronto se conoció en Alemania que, en caso de producirse la ofensiva prevista sobre el oeste, las fuerzas franco-británicas automáticamente entrarían en Bélgica para defender su flanco.

VERSIÓN DEFINITIVA DEL PLAN 'FALL GELB' (mayo de 1940)

El plan ideado por el general Erich von Manstein proponía una alternativa innovadora a la versión inicial del plan 'Fall Gelb', consistente en iniciar la ofensiva en el sector boscoso de las Ardenas, en el sur de Bélgica, atrayendo las fuerzas aliadas hacia el interior del país. El peso de la ofensiva recayó en el Grupo del ejército A, que lograría abrirse camino hacia Sedán, desplegando una estrategia impecable.

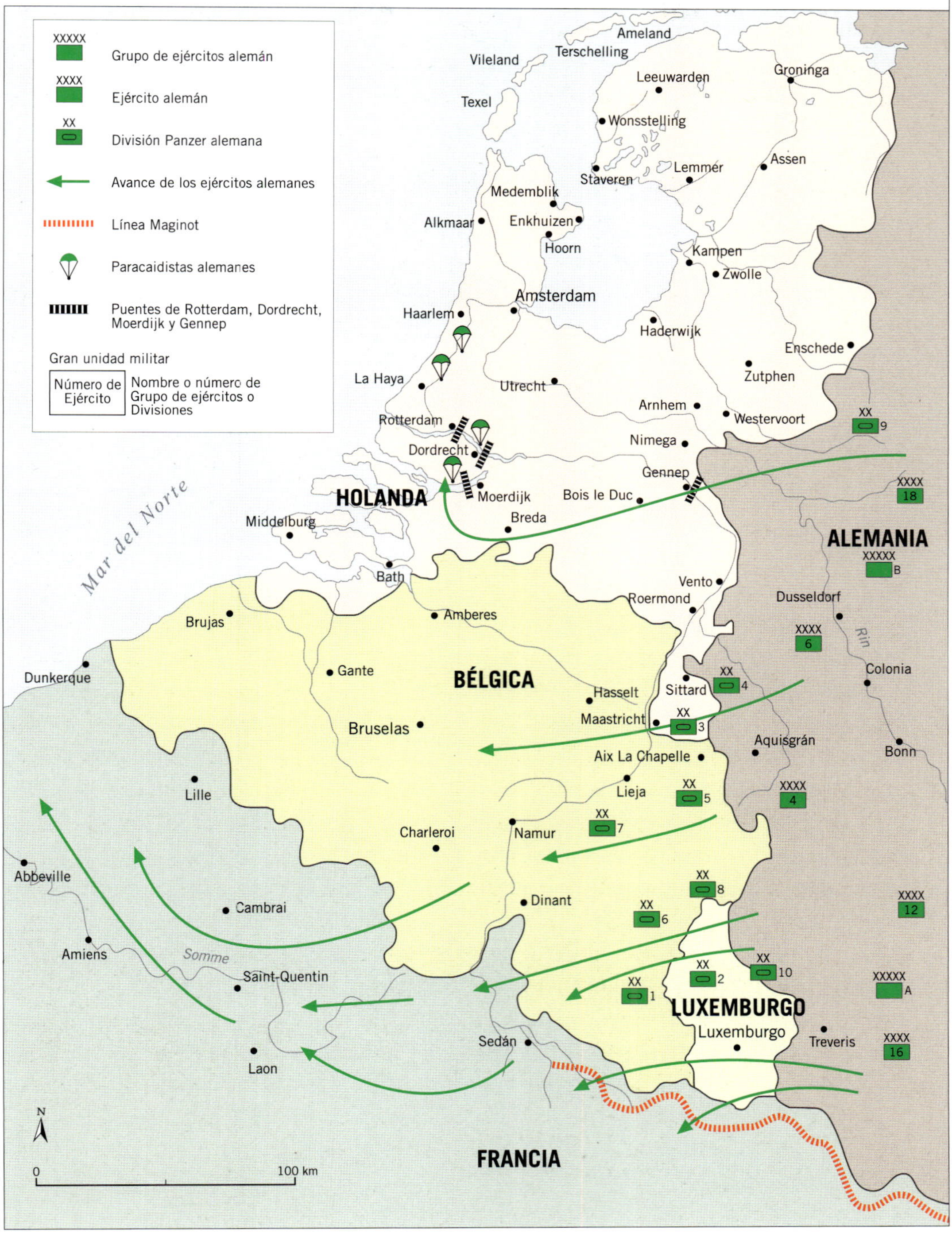

ORGANIZACIÓN HETEROGÉNEA DE LOS TERRITORIOS

La gestión a las que los nazis sometieron a los diversos territorios ocupados estuvo marcada, en gran parte, por la improvisación y la competencia entre las administraciones militares y las políticas (del partido), que resultó perjudicial para los intereses de los ocupantes, lo que dio lugar a un amplia variedad de fórmulas administrativas. Sin embargo, en líneas generales, cabe distinguir entre diferentes ámbitos de actuación, según el destino que, al final de la guerra, se tenía previsto para los distintos territorios.

Hubo territorios que, simplemente, se anexionaron al Reich, como la parte oeste y norte de Polonia, Alsacia, Lorena, Luxemburgo, etc. Otra cosa fueron Dinamarca, los Países Bajos y Noruega, sobre los que se quería establecer una relación privilegiada dada su población "germánica" y que en el futuro deberían estar incorporados a la "Gran Alemania". Un tercer grupo de conquistas se mantuvieron bajo administración militar, destinados en el futuro de paz a recobrar su independencia como Bélgica, Francia, Serbia, Grecia y en las zonas más al este de la Unión Soviética. Estas zonas quedaban al margen de los intereses expansionistas de los nazis y, en el momento de la paz, deberían recobrar su independencia aunque siempre sometidos a la hegemonía de la nueva Alemania. El cuarto y último bloque lo formaban Bohemia, Moravia, el Gobierno General de Polonia, Ucrania, Bielorrusia y los países bálticos, que eran el objeto de la expansión territorial, el espacio vital alemán que debía ser germanizado y ocupado por emigrantes alemanes.

El trato dado a la población de este último grupo de territorios fue el más duro. En ellos no sólo se impuso crecientemente el idioma alemán, marginando al mismo tiempo las lenguas autóctonas, sino que se cambiaron los programas de estudios y libros de texto, se censuraron y expurgaron las bibliotecas y los museos. También se depuró a los maestros y profesores, se suprimieron los centros de estudios universitarios o se reemplazaron sus claustros por profesores alemanes, con la intención de que, en unos pocos años, las culturas nacionales de dichos países fuesen borradas del mapa y sus gentes integradas sin ninguna identidad nacional como súbditos del III Reich para trabajar como obreros o campesinos. Hay que recordar que, simultáneamente, en estos territorios del este en donde los eslavos eran considerados subhumanos, los judíos fueron exterminados en masa.

Aparte de las medidas represivas, se ofertaron al mismo tiempo una alternativa nazi y germánica de presuntos valores y principios. Noticiarios, documentales, prensa, revistas, programas de radio, propaganda mediante megafonía por las calles, carteles, octavillas... todo ello era práctica habitual en las zonas a germanizar o destinadas a ser ocupadas por nuevos alemanes, con el fin de ganar a la causa del Nuevo Orden a la mayor parte de la población civil. [J.C.L.]

CARTEL DE PROPAGANDA ALEMÁN distribuido en Estrasburgo y que incitaba a la población a acudir a un discurso oficiado por un representante del Reich, el 20 de octubre de 1940.

El general Erich von Manstein, jefe de estado mayor del Grupo de ejércitos A que mandaba el mariscal Gerd von Rundstedt, consideraba que llevar a cabo este plan era absurdo, ya que sería la ofensiva que los aliados estaban esperando. Había, por tanto, que pensar en algo original. Von Manstein opinaba que sería mucho más eficaz iniciar la ofensiva en el sector de las Ardenas y llegar hasta Sedán para continuar al oeste, en dirección al mar. Pero ¿podrían las unidades acorazadas germanas ejecutar la operación?

Von Manstein consultó con el jefe de dichas fuerzas acorazadas, el general Heinz Guderian, y éste, que durante la primera contienda mundial había estado personalmente en la zona, tras un pormenorizado estudio de los mapas informó al jefe del estado mayor que se podían utilizar los carros de combate sin problemas. Tras este informe favorable de Guderian, von Manstein expuso su propio plan a su inmediato superior, el mariscal von Rundstedt, al que convenció de su bondad e idoneidad, y el mariscal, a su vez, envió un informe detallado al OKH (alto mando del ejército de tierra) explicando el nuevo plan de ataque.

VON MANSTEIN OPINABA QUE SERÍA MUCHO MÁS EFICAZ INICIAR LA OFENSIVA EN EL SECTOR DE LAS ARDENAS Y LLEGAR HASTA SEDÁN

Lo que no conocían los mandos del Grupo de ejércitos A era que el propio Hitler había propuesto, con anterioridad, unas tesis similares a las de von Manstein al mencionado alto organismo militar. Cuando se recibió el informe de von Rundstedt en el OKH, éste acogió con gran recelo el innovador y genial plan de ataque. Los conservadores estrategas del OKH, cautelosos, se cuidaron muy mucho de remitir el nuevo plan al comandante supremo de las fuerzas armadas germanas. A mediados de enero de 1940, tras la suspensión *sine die* del ataque al oeste, el OKH planificaba la invasión de Noruega y dejó a un lado cualquier nuevo estudio para la ofensiva en el frente occidental. Von Manstein intentó por todos los medios que el OKH aceptase su propuesta, pero los generales von Brauchitsch y Halder, reacios a todo cambio del plan previsto, se las arreglaron para alejar a von Manstein de su puesto del estado mayor del Grupo de ejércitos A y destinarlo a mandar un cuerpo de ejército de infantería en la región de Pomerania. Pero el cambio de destino fue providencial, ya que esta circunstancia hizo que fuese convocado por el propio *Führer* a su cuartel general, y así se le presentó la ocasión de explicar personalmente a Hitler su proyectado plan de ataque sobre el oeste. La entrevista la preparó uno de los ayudantes de Hitler, el general Schmundt, que admiraba fervientemente a von Manstein y consideraba que éste había sido injustamente tratado.

La conversación de Hitler con von Manstein fue decisiva. El *Führer* presionó duramente a von Brauchitsch y a Halder para que ambos aceptasen el nuevo plan. A regañadientes, Halder, que era un verdadero profesional del estado mayor, adoptó los nuevos criterios de Hitler y von Manstein y preparó el definitivo proyecto, con un detallado plan de apoyo logístico esencial para el desarrollo de aquel tipo de operaciones. El plan definitivo de Manstein sería conocido posteriormente como *Sichelschnitt* (golpe de luz).

EL PLAN MANSTEIN, UNA TÁCTICA BRILLANTE

La rápida y decisiva victoria alemana en la batalla de Francia se debió a la brillante ejecución del Plan Manstein, una auténtica obra maestra de la estrategia. Diseñado por Erich von Manstein, jefe de estado mayor del Grupo de Ejércitos A, postulaba atacar por las Ardenas, alcanzar Sedán y proseguir al sur burlando las defensas francesas.

PLANES DESCARTADOS

Primera versión del Fall Gelb (Caso Amarillo)
En su concepción original, este ataque en el oeste se basaba en el plan Schlieffen, que había sido utilizado en la Primera Guerra Mundial, con ciertas variaciones debido a la presencia de la Línea Maginot.

Plan Schlieffen
Se basaba en un ataque por el flanco izquierdo del enemigo, hacia la costa, para rodear París desde el oeste, y había fracasado cuando los franceses detuvieron el avance en el Marne, provocando la guerra de trincheras, que había que evitar a toda costa.

Plan del OKW (*Oberkommando der Wehrmacht*, alto mando de las fuerzas armadas alemanas)
Contemplaba un ataque a través del norte de Bélgica y los Países Bajos, al renunciar a pasar por la zona boscosa de las Ardenas y evitar la Línea Maginot.

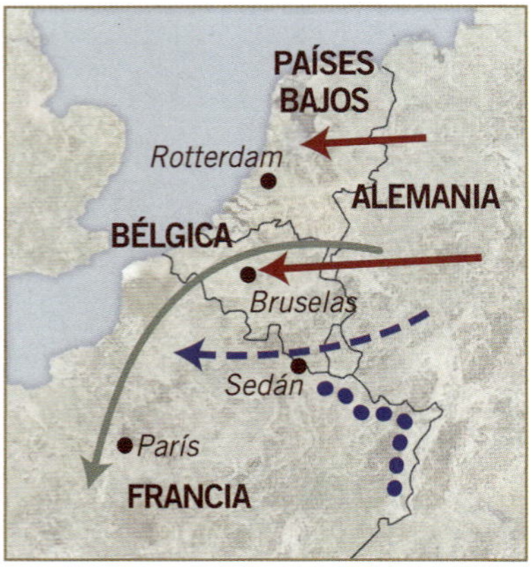

Las sólidas fortificaciones francesas de la **Línea Maginot** pudieron ser evitadas gracias al ingenioso **Plan Manstein**.

PREMISAS TÁCTICAS DEL PLAN MANSTEIN

Los mandos deben permanecer en la punta del avance, en contacto directo con sus unidades de vanguardia, para tener una idea precisa de la situación, adaptar los movimientos y aprovechar cualquier oportunidad sobre la marcha.

Los carros de combate deben avanzar sin preocuparse de la infantería, que debe seguirles para cubrir los flancos y consolidar el terreno.

La aviación se emplearía como artillería volante, para apoyar el avance de los carros.

Erich von Manstein propuso un plan revolucionario, que se basaba en lanzar el ataque principal por las Ardenas, en contra de lo que preveían los aliados, para colarse entre la Línea Maginot y el flanco derecho de las mejores fuerzas del enemigo. Las tropas enemigas serían atraídas al interior de Bélgica mediante una finta en los Países Bajos, mientras el grueso de las fuerzas acorazadas alemanas atravesaba el norte de Francia, hasta llegar al mar en Abbeville, cercándolas para luego destruirlas.

Una vez neutralizados los mejores ejércitos aliados, las tropas alemanas podrían dedicarse, con una gran superioridad, a conquistar el resto de Francia en una segunda fase.

Casamata de artillería tipo RFM

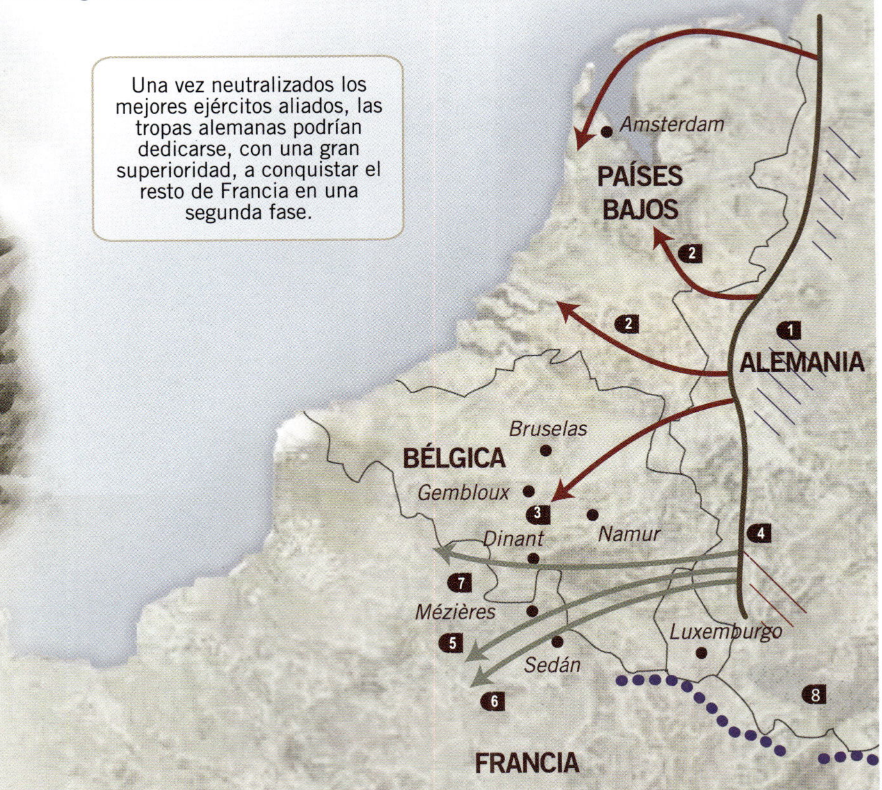

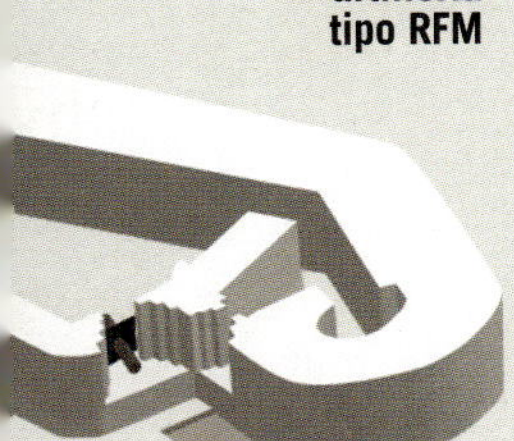

Emblema de la Línea Maginot

DISPOSITIVO ALEMÁN DEL PLAN MANSTEIN

1 **Grupo de Ejército B (von Bock): flanco norte**

2 39° Cuerpo Panzer (9ª Panzer): **ataque en los Países Bajos**

3 16° Cuerpo Panzer (3ª y 4ª Panzer): **ataque en la brecha de Gembloux**

4 **Grupo de Ejército A (von Runstedt): ataque por las Ardenas**

5 41° Cuerpo Panzer (6ª y 8ª Panzer): **cruce en Mézières**

6 19° Cuerpo Panzer (1ª, 2ª y 10ª Panzer): **cruce en Sedán**

7 15° cuerpo Panzer (5ª y 7ª Panzer): **cruce por Dinant**

8 **Grupo de Ejército C (von Leeb):**
Mantenimiento de posiciones frente a la Línea Maginot

Línea Maginot

CAPÍTULO 02

LAS FUERZAS ACORAZADAS DESEQUILIBRAN EL CONFLICTO

La acción principal de las fuerzas alemanas consistía en romper las líneas enemigas entre Lieja (Bélgica) y Sedán (Francia), coordinando las unidades terrestres con las aéreas y empleando para ello el denominado Grupo de Ejércitos A, al mando del mariscal Gerd von Rundstedt.

Este grupo de ejércitos englobaba a las siguientes grandes unidades: el 4º Ejército, al mando del general von Kluge; el 12º Ejército, a las órdenes del general Kleist y el 16º Ejército del general Buch. Se emplearía para la ruptura un importante conjunto de unidades acorazadas y motorizadas, que operarían por primera vez con tal autonomía para tratar de destruir a las fuerzas enemigas en Bélgica después de haberlas rodeado con el apoyo de tropas paracaidistas. Una vez ocupado este país, atraerían a las fuerzas aliadas hacia el norte y así las inmovilizarían.

El Grupo de Ejércitos C, del mariscal von Leeb, situado a lo largo de la Línea Maginot, ejecutaría otras maniobras de diversión con objeto de atraer y fijar al enemigo francés.

Los tres grupos de ejércitos, desplegados en la frontera occidental alemana, contaban con un importante contingente de unidades Panzer dotadas de un moderno equipo de carros de combate. Según un documento del general Guderian, el número total de estos ingenios disponibles para acometer la campaña de oeste ascendía a 2.474.

La principal unidad acorazada que debería actuar sobre Bélgica era el 16º Cuerpo Panzer, mandado por el general Hoepner, que agrupaba a las 3ª y 4ª Divisiones Panzer.

Estas poderosas fuerzas terrestres contaban con un importante apoyo aéreo por parte de la *Luftwaffe* (fuerza aérea alemana). Dos flotas aéreas, la 2ª y la 3ª, bajo el mando respectivo de los generales Albert Kesselring y Hugo Sperrle, iban a prestar apoyo aéreo a las tropas terrestres con un importante contingente de aviones. Nada menos que 1.120 bombarderos horizontales, 342 bombarderos en picado, 42 aviones de asalto y 1.264 aparatos de caza. No mencionamos los aparatos de reconocimiento próximo y lejano ni a los aviones de transporte del cuerpo aerotransportado, al que nos referiremos posteriormente. Estos aviones dispuestos a entrar en

SOLDADOS BELGAS DE VIGILANCIA en la frontera entre Bélgica y Alemania en diciembre de 1939. Mientras dos de ellos leen una carta, el tercero permanece de guardia sobre un montículo.

combate se agrupaban a su vez en seis cuerpos de ejército aéreo.

La principal unidad aérea que iba a actuar sobre Bélgica era el 8º Cuerpo aéreo, bajo el mando del general Wolfram von Richthofen. Esta gran unidad estaba especializada en el apoyo directo a las tropas de tierra y se componía fundamentalmente de tres escuadras de bombarderos en picado Junkers Ju 87B Stuka, aviones de asalto Henschel Hs 123B y aparatos de caza de protección Messerschmitt Bf 109E. Su misión principal era apoyar a las tropas que actuarían sobre el frente fortificado a ambos lados de Lieja y que habrían de penetrar en el interior de Bélgica. Posteriormente deberían actuar en el sector de Sedán y habrían de continuar apoyando el avance de las tropas germanas a través del territorio francés.

Un elemento esencial para la consecución de una rápida victoria germana en Bélgica y Holanda se basaba en el empleo del cuerpo de paracaidistas de la *Luftwaffe* (*Fallschirmjäger*) y de las unidades de infantería aerotransportadas, pertenecientes al ejército de tierra. Este conjunto de fuerzas, puestas bajo el mando del general de la *Luftwaffe* Kurt Student, lo constituían, por un lado, la 7ª *Fliegerdivision*, con 4.500 paracaidistas y cuyo jefe era el propio Student, y por otro, la 22ª División de infantería y un regimiento perteneciente a la 46ª División de la misma arma, con un total de 12.000 hombres al mando del general Hans Graf von Sponeck.

Para el transporte aéreo de estas unidades se agregó al nuevo cuerpo el *Fliegerkorps zur besonderen Verwendung* (cuerpo aéreo para misiones especiales), que agrupaba a las escuadras de transporte de la *Luftwaffe*, equipadas con 475 trimotores Junkers Ju 52/3m y 50 planeadores de asalto DFS 230. También disponía la unidad, para apoyo por el bombardeo, de la Escuadra de bombardeo 4, equipada con bimotores Heinkel He 111P.

Los planes para la utilización del *Luftlandekorps* (fuerzas de asalto aéreo)

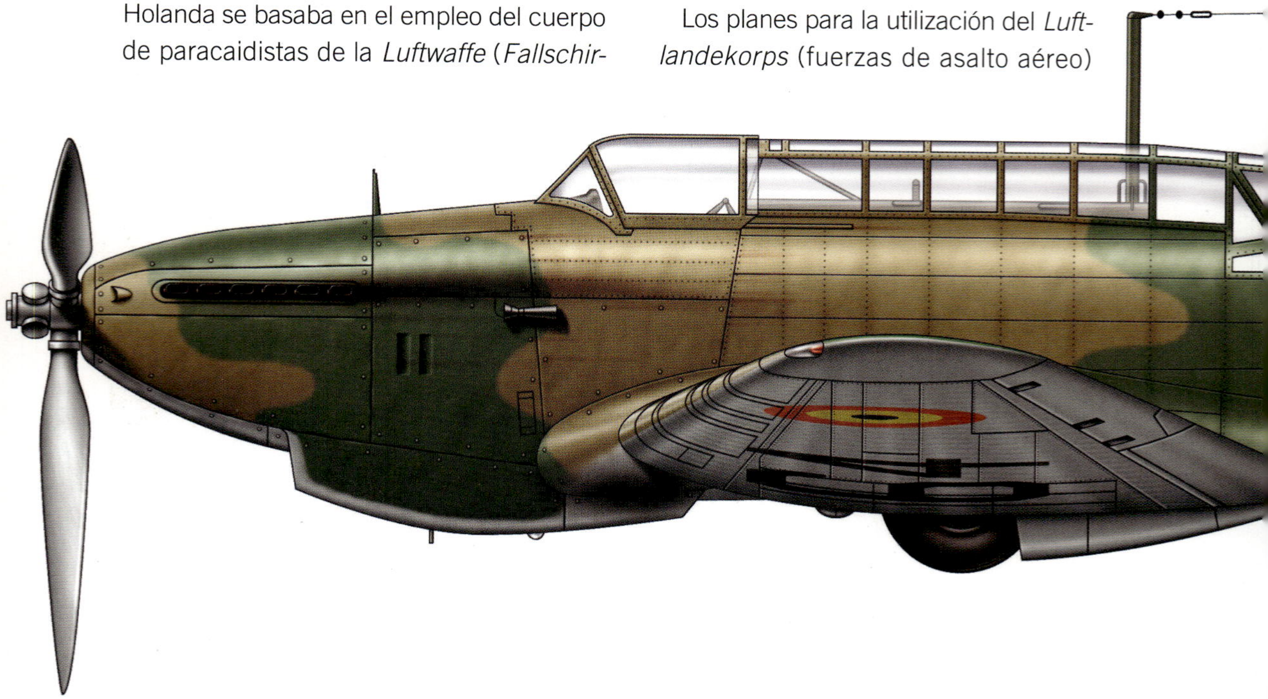

eran tan secretos que ni siquiera figuraban en los documentos que cayeron en poder de los belgas. Nada se decía en los planes del comandante Reinberger, que curiosamente pertenecía a la 7ª División de paracaidistas, acerca de las operaciones a realizar sobre el fuerte belga de Eben-Emael y sobre los puentes del canal Alberto, ubicados cerca de la ciudad fronteriza de Maastricht. En realidad el grueso de las fuerzas aerotransportadas y paracaidistas germanas habría de actuar sobre Holanda, pero fue un pequeño grupo de *Fallschirmjäger* el que consiguió abrir, por así decirlo, la puerta de Bélgica a las unidades acorazadas y motorizadas germanas.

Ante la gigantesca máquina de guerra alemana, las fuerzas armadas de Bélgica poca oposición podían presentar. Bélgica era un pequeño país que contaba, en 1940, con ocho millones de habitantes. El ejército de tierra belga, tras la movilización general decretada por el gobierno del país, pudo disponer de un contingente de 550.000 hombres, lo que constituyó un verdadero sacrificio nacional; pero, en realidad, sólo podía considerarse una organización de carácter eminentemente defensivo. El país se dividía en tres regiones militares, con cabeceras en Bruselas, Amberes y Lieja. Las fuerzas terrestres belgas, bajo el mando supremo del rey Leopoldo III, se estructuraban en 18 divisiones de infantería, dos divisiones de caballería, dos divisiones de cazadores de las Ardenas y una brigada motorizada de caballería. Estas unidades se agruparon en siete cuerpos de ejército de infantería y un octavo

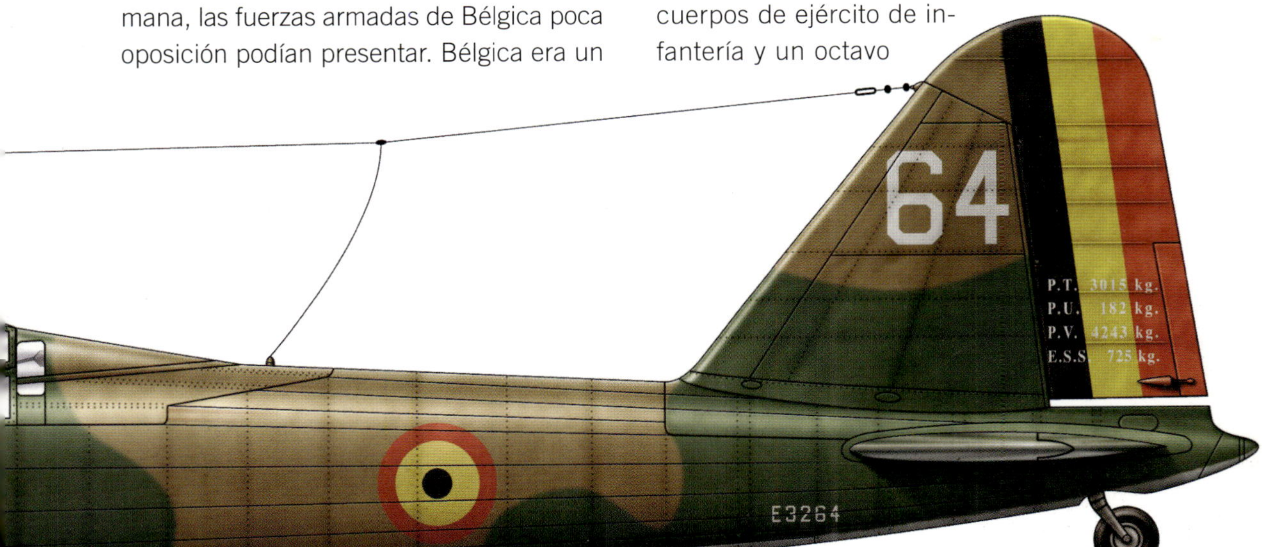

AVIÓN

FAIREY BATTLE

Este bombardero ligero triplaza británico de características mediocres fue literalmente masacrado durante los primeros días de la 'Blitzkrieg' por la artillería antiaérea alemana.
Dotación: 3. **Motor:** Rolls-Royce Merlin de 1.000 CV.
V. máx.: 415 km/h. **Techo de servicio:** 7.800 m. **Armamento:** 1 ametralladora de 7,7 mm y 4 bombas de 113 kg.

UNA COLUMNA DE ARTILLERÍA de campaña hipomóvil belga, en marcha por una carretera cerca de Lovaina, en mayo de 1940. Para combatir la ofensiva de las tropas alemanas, los belgas empleaban piezas de artillería de origen francés.

de caballería. Cada cuerpo de ejército disponía de dos divisiones de infantería, un regimiento de artillería y un regimiento de ingenieros, además de unidades de transmisiones y de apoyo logístico.

Los medios acorazados y blindados del ejército belga eran bastante exiguos. La aviación militar belga disponía en mayo de 1940 de un total de 234 aviones, de los cuales solamente 180 estaban en condiciones de prestar servicio. La mayoría de los aparatos de la dotación estaban anticuados y buena parte de ellos eran de construcción autóctona. Los aviones de caza y bombardeo, en cambio, eran importados de Gran Bretaña e Italia.

Durante el período de entreguerras la marina de guerra belga había sido disuelta por falta de presupuesto. No fue hasta septiembre de 1939 cuando se reactivó el cuerpo de marina. Hubo que recurrir a oficiales reservistas del ejército de tierra que fuesen marinos mercantes y los marineros se improvisaron con reclutas que hubiesen tenido alguna experiencia naval previa. Esta pequeña fuerza marítima disponía de 30 oficiales, 98 suboficiales y 513 cabos y marineros. Los únicos navíos disponibles eran un pequeño guardacostas y algunos otros barcos de madera, que fueron requisados para su utilización como dragaminas. La artillería de costa, que únicamente contaba con los dos cañones de defensa costera existentes en Bélgica, montados en los puertos de Amberes y Zeebrugge, también dependía del cuerpo de marina.

CAPÍTULO

03

EL FACTOR SORPRESA ACABA CON LA FORTALEZA BELGA

Bélgica replanteó su sistema defensivo tras la Primera Guerra Mundial reforzando antiguos fuertes y construyendo otros nuevos, de considerables dimensiones, sobre todo en torno a la ciudad de Lieja, pieza básica en la defensa de la integridad territorial del país.

Cuatro factores imposibles de conciliar subyacían en la realidad belga de entreguerras: su pretensión de neutralidad, el deseo de buena vecindad con los países limítrofes, los gastos imprescindibles para construir y mantener las nuevas fortificaciones y las limitaciones de la economía belga. La realidad acabó por imponerse y sólo llegaron a construirse cuatro fuertes en el entorno de Lieja: dos de grandes dimensiones y otros dos más modestos. Los primeros serían Eben-Emael y Battice y los segundos, Aubin-Neufchâteau y Tancrémont.

En la construcción de Eben-Emael se tuvo en cuenta la presencia del importante curso acuífero denominado canal Alberto, que ofrecía un emplazamiento dominante sobre el entorno, incluidas las rutas que entraban en territorio belga desde Maastricht y los puentes de Vroenhoven y Veldwezelt. La construcción del fuerte comenzó en 1932, finalizando cuatro años más tarde. Visto desde el aire, su forma era de triángulo isósceles y ocupaba una superficie cercana a las 75 ha. La superestructura de acero y hormigón estaba situada a 65 m sobre el canal Alberto.

Su dotación alcanzaba la respetable cifra de 1.200 hombres, aunque el máximo presente en el fuerte era de 500, que se relevaban semanalmente. Otros 200 hombres constituían el denominado grupo de mantenimiento de la fortaleza. El fuerte se dividía en dos baterías, una ofensiva, la primera, y otra defensiva, la segunda. La primera disponía de dos cañones de 120 mm y de otros 14 de 75 mm. Se puede afirmar que se trataba de la concentración más poderosa de las fortificaciones de la época.

El plan diseñado por el general von Manstein para la ofensiva en el oeste incluía el cruce del río Mosa y del canal Alberto, la captura de sus puentes intactos y la neutralización de Eben-Emael, al tratarse de la fortificación principal que los cubría.

SOLDADOS BELGAS A BORDO DE MOTOCICLETAS con sidecar, equipadas con radio, en unas maniobras desarrolladas en 1939.

TROPAS ALEMANAS DE ZAPADORES de combate cruzando el río Maastricht en mayo de 1940. La ofensiva alemana movilizó a unidades de todas las especialidades del ejército.

Para consumar el asalto a las posiciones belgas, la *Wehrmacht* contaba con cinco unidades: el 100° Batallón del *Abwehr*; el Grupo de asalto Koch, de la 7ª División aérea; el 151° Regimiento de infantería, reforzado por el 51° Batallón motorizado de zapadores; la 4ª División acorazada y el 8° Cuerpo aéreo de la *Luftwaffe*.

Los cuatro objetivos designados para llevar a cabo la misión fueron los siguientes:

Objetivo 1: Los puentes de Maastricht sobre el río Mosa. A este objetivo se asignó el destacamento del *Abwehr*.

Objetivo 2: Los puentes de Veldwezelt, Vroenhoven, Kanne y Fort Eben-Emael. Se trataba de los objetivos del Grupo de asalto Koch. Los planeadores de asalto DFS 230 partirían de dos campos, Colonia-Ostheim y Colonia-Butzweilerhof. Las fuerzas de asalto se distribuyeron en cuatro grupos. El que iba a asaltar Eben-Emael fue el denominado Grupo Granit y se componía de 11 planeadores con dos oficiales y 88 soldados (al mando del teniente Witzig). Cada planeador transportaba siete u ocho hombres con su

EL ATAQUE SILENCIOSO: LA CAPTURA DE LOS PUENTES DEL CANAL ALBERTO

Tras seis meses de duro entrenamiento, realizado en secreto, y utilizando armas y medios novedosos, 400 paracaidistas alemanes neutralizaron las defensas belgas. El ataque fue realizado por los grupos Acero, Hormigón y Hierro.

Paracaidista alemán

ACERO
91 hombres dirigidos por el teniente primero Gustav Altmann en 9 planeadores tomarían intacto el puente de Veldwezelt, junto a la frontera holandesa. Aterrizaron poco antes de las 5:30 h (hora alemana). Como refuerzo, hacia las 6:15 h fueron lanzados 24 paracaidistas (medio pelotón de ametralladoras). Murieron 8 de ellos.

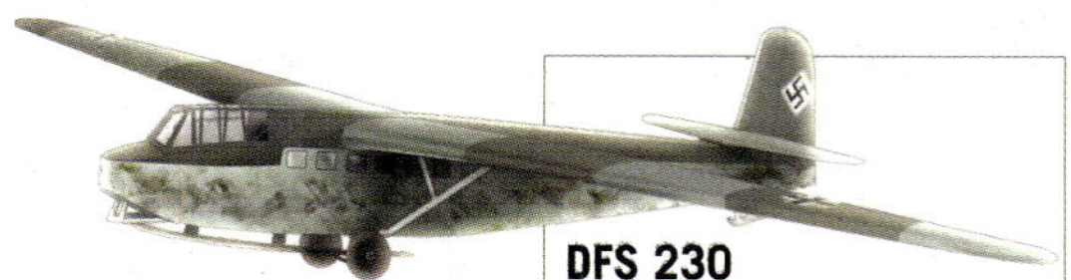

DFS 230
Planeador de asalto
Dotación: **1 piloto y 9 soldados. Algunos modelos pueden incluir una MG 15 de 7,92 mm**
Velocidad: **290 km/h (máx.); 180 km/h (de planeo)**
Peso: **860 kg**

HORMIGÓN
109 hombres al mando del teniente Schacht en 10 planeadores. Debían capturar el puente de Vroenhoven. Aterrizaron alrededor de las 5:15 h (un planeador no lo hizo, aterrizando en Alemania). 40 minutos después, dos Ju 52 lanzaron medio pelotón de paracaidistas con ametralladoras. Murieron 7 paracaidistas.

HIERRO
89 hombres dirigidos por el teniente Martin Schächter en 9 planeadores. A punto de aterrizar, a las 5:35 h, los belgas volaron el puente de Kanne. La dificultad insalvable sabida de antemano era la gran distancia entre la zona de aterrizaje de los planeadores (colinas de Opkanne) y el puente. Sin factor sorpresa y enfilados por cañones de Eben-Emael, los paracaidistas tuvieron 22 muertos. Aun así, era necesario formar una cabeza de puente, de tal modo que los zapadores alemanes que relevaran a los paracaidistas pudieran construir una pasarela.

equipo y material bélico para conseguir el éxito en la acción. Los miembros del grupo habían estado entrenando el asalto a este tipo de fortificaciones en las checas de los Sudetes, de características similares a las belgas. No obstante, para mantener el secreto, no se habían utilizado con fuego real las cargas huecas. El objetivo del grupo era la neutralización de las baterías artilleras que pudieran obstaculizar el avance alemán.

Objetivo 3: Apoyo a las tropas en el fuerte, que se llevaría a cabo por el 151° Regimiento de infantería.

Objetivo 4: Asegurar los puentes sobre el canal Alberto para permitir el avance alemán.

El asalto al fuerte

Se dio la alerta al Grupo de asalto Koch a las 19:30 h del 9 de mayo (hora alemana). Los planeadores despegaron a las 04:30 h desde los aeródromos de Ostheim y Butzweilerhof. Diez minutos más tarde cruzaban la frontera a una altura de 2.500 m, guiados por balizas en tierra. Después de unos 30 minutos de vuelo, los aviones remolcadores liberaban a los planeadores a unos 1.800 m de altura, realizando éstos un planeo de unos 20 km. Los aviones de Maier (grupo 2) y Witzig (grupo 11) sufrieron la rotura de los cables de arrastre, aunque el segundo consiguió aterrizar en territorio alemán y fue remolcado nuevamente, alcanzando el fuerte a las 06:30 h, cuando ya nadie lo esperaba.

A las 05:05 h una posición antiaérea belga dio la alarma al avistar los planeadores, aunque la orden de disparar se retrasaría 15 minutos, cuando era ya demasiado tarde y los aparatos alemanes estaban a punto de aterrizar sobre el fuerte.

La reacción belga fue, sin duda, tardía y confusa, amén de desordenada y muy poco eficaz. El contraataque efectuado por el 1er Batallón del 2° Regimiento de granaderos tuvo lugar a las 10:00 h, aunque la demora sería verdaderamente trágica para las tropas belgas, pues los paracaidistas alemanes estaban perfectamente atrincherados en el interior de las casamatas recién conquistadas y repelieron contundentemente el ataque. El apoyo aéreo de los Stuka sería fundamental y decisivo. Durante el día 10 los alemanes sufrieron intenso fuego artillero belga, aunque muy pocas bajas debido a la magnífica protección prestada por las casamatas del fuerte.

Al fin, por la mañana del día 11, tropas del 51° Batallón lograron cruzar el denominado canal Nord en lanchas neumáticas y así neutralizar el resto de las casamatas. Inerme, cegado, incapaz de batir objetivo alguno, con las dotaciones totalmente desmoralizadas, el fuerte capituló a las 12:30 h del día 11 de mayo. La dotación belga había sufrido un total de 24 muertos y una cincuentena de heridos.

A lo largo de la mañana, el segundo grupo que se unió al que atacaba el puente de Kanne hizo 120 prisioneros. Durante el ataque murió el jefe del grupo, Maier. En resumen, 56 hombres distribuidos en siete grupos de ocho paracaidistas cada uno, neutralizaron en poco más de 10 minutos siete objetivos militares.

El resto de objetivos del Grupo de asalto Koch tuvo los siguientes resultados: Veldwezelt fue capturado intacto con un saldo de siete bajas. Los belgas sufrieron unas 110. Vroenhoven también cayó en manos alemanas intacto, a costa de siete bajas. Por último, Kanne fue volado en el último instante por los defensores. El fracaso parcial en los puentes de Maastricht retrasaría la operación unas 24 horas.

El asalto a Eben-Emael abrió una nueva era. Resulta cuando menos chocante que tan sólo una cincuentena de soldados bien preparados consiguieran neutralizar una fortaleza de la envergadura de la belga con tan escasas bajas. Si se estudian, resultan de todo punto incuestionables los fallos en el diseño de la fortificación, aunque un asalto parecido es posible que no hubiera tenido éxito en una fortaleza similar de la Línea Maginot.

AVIÓN

DFS 230

Este planeador alemán de asalto protagonizó algunos de los ataques más decisivos de la guerra, como la conquista del fuerte Eben-Emael y de los puentes del canal Alberto. **Peso:** 1.250 kg. **Capacidad de carga:** 10 soldados equipados o 1.200 kg de material. **V. de arrastre máx.:** 160 km/h. **Transporte típico:** Junkers Ju 52.

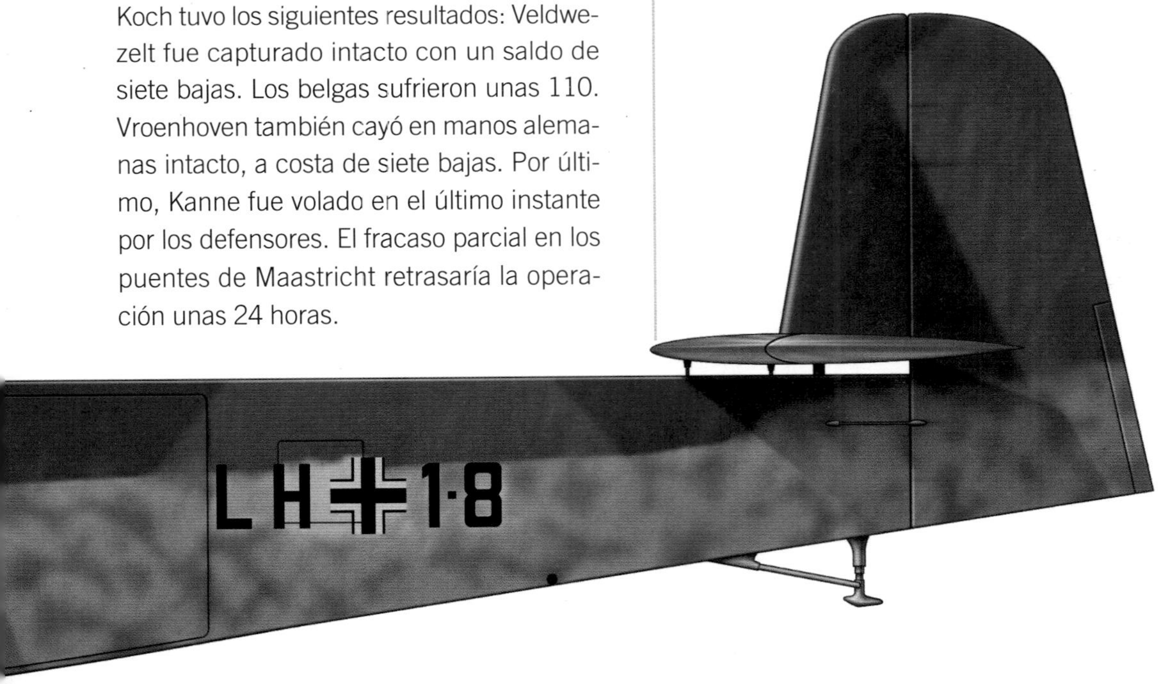

EL TENIENTE ALEMÁN DE PARACAIDISTAS Rudolf Witzig, jefe del Grupo Granit, posa ante un búnker de Eben-Emael.

Aquí el elemento fundamental fue el factor sorpresa. Ni Eben-Emael ni la propia Bélgica estaban preparados para la guerra en la madrugada del 10 de mayo, y menos aún para los combates que se avecinaban.

Los alemanes utilizaron una táctica muy agresiva y arriesgada, ya que ni siquiera se habían probado las cargas huecas previamente por miedo a romper el secreto, empleando para la operación la elite de su ejército: los paracaidistas. El resultado final superó todas las expectativas germanas.

El entrenamiento previo y sistemático de los soldados alemanes propició que, aun sin la presencia del jefe y a falta de dos de los grupos de asalto, los otros llevaran a cabo su misión, supliendo eficazmente a los que faltaban. Fue un ejemplo extraordinario de flexibilidad táctica, algo que demostrarían los alemanes a lo largo de toda la Segunda Guerra Mundial. Esto marcaría la diferencia en los campos de batalla, donde sus enemigos, coetáneos y con armamento similar, no fueron capaces de resistir la embestida de una máquina de guerra con nuevos planteamientos y tan diferente doctrina, mucho menos rígida e imprevisible y por ello más mortífera y efectiva.

UN INVENTO DECISIVO PARA EL EJÉRCITO

El ambiente prebélico que se respiraba también en los Estados Unidos estimuló al gobierno norteamericano a la modernización de sus fuerzas armadas. La importancia que había cobrado la motorización en la guerra suponía un enorme salto cualitativo respecto a la anterior conflagración que los Estados Unidos no habían cubierto. Por ello, en verano de 1940, el ejército pidió a los fabricantes el diseño de un vehículo pequeño, ligero (no más de 600 kg de peso), con tracción a las cuatro ruedas, polivalente en su uso y con cierta capacidad de carga (hasta 275 kg), estable, fiable y resistente en especial al calentamiento, así como fácil de mantener. Ante el fulgurante desarrollo de la guerra, y la cada vez más probable entrada de los norteamericanos en ella, se fijó en no más de 50 días el plazo de entrega de los proyectos y de un primer prototipo. Sería el primer modelo de estas características utilizado por ningún ejército.

En septiembre un primer fabricante entregó un primer modelo para su prueba, aunque excedía el peso máximo. El ejército lo probó unos 5.500 km, sobre todo en caminos sin asfaltar. Dos firmas más presentaron otros modelos y todos excedían y, según ellas, mejoraban las características solicitadas. Para afinar la selección se encargaron 1.500 unidades de cada marca, lo que totalizaba 4.500, para antes de un año hacer la selección definitiva. En junio de 1941 se eligió un modelo que incorporaba las mejoras de los otros. Un primer encargo fue de 16.000 Jeep, pero la entrada en guerra de los Estados Unidos hizo que los planos fuesen transferidos a Ford para garantizar una elevada producción.

Durante la guerra se produjeron cerca de un millón de Jeeps, que fueron utilizados por el ejército estadounidense, los británicos y los soviéticos. Su utilidad quedó demostrada y se usó para misiones tanto de mensajería, en vez de las motocicletas, como de transporte, ambulancia, camioneta, vehículo de reconocimiento, artillado con ametralladora, tendido de cables, arrastre de piezas de artillería antitanques, etc. Su fiabilidad excedió, con mucho, las previsiones más optimistas, y tanto en el desierto de África como en las junglas de Oriente o en las frías llanuras de Europa, demostró una larga vida operativa. Al respecto el general Marshall, jefe del estado mayor del ejército en la Segunda Guerra Mundial, dijo que el Jeep había sido la mejor aportación de su país a las guerras modernas. Al acabar la guerra comenzó a utilizarse para tareas agrícolas y forestales, con nuevas variantes de diseño. En 1950 se registró como marca comercial, siguiendo su andadura hasta la actualidad. [J.C.L.]

LISTOS PARA ENTRAR EN COMBATE, una flota de Jeeps recién salidos de una factoría estadounidense espera en los muelles a ser embarcada con destino al frente en Europa.

CAPÍTULO 04

LA BARRERA DE LAS ARDENAS CEDE ANTE LA 'WEHRMACHT'

La boscosa región belga era considerada por el estado mayor francés como un escollo imposible de salvar para las tropas alemanas. Sin embargo, el innovador plan de ataque ideado por el general Erich von Manstein demostró lo infundado de esta creencia.

En defensa de la frontera oriental belga se desplegaba la Agrupación K, llamada así por la inicial del nombre de su jefe, el general Keyaerts. Esta gran unidad del ejército belga, que equivalía a un cuerpo de ejército, estaba constituida por la 1ª División de cazadores de las Ardenas, bajo el mando del general Descamps, y la 1ª División de caballería. Esta Agrupación K cubría las principales localidades de la mencionada región fronteriza de las Ardenas belgas. El alto mando, en la instrucción general nº 41-34 de 12 de febrero de 1940, le había asignado una misión defensiva y de retardo del avance de las fuerzas alemanas sobre el río Mosa en caso de producirse la invasión. Los belgas, conscientes de su inferioridad, asumían con resignación su papel meramente retardatorio, a la espera de la llegada de los refuerzos franceses y británicos.

LA FRONTERA ENTRE BÉLGICA Y ALEMANIA en el año 1939. Tropas belgas salen a realizar una patrulla rutinaria de inspección a través de las conocidas 'puertas belgas'.

El estado mayor francés, anclado en los viejos conceptos de la guerra anterior, consideraba que la boscosa región de las Ardenas era una "barrera infranqueable" y que no cabía esperar ataque alguno por el mencionado sector. El general Maurice Gamelin, jefe del estado mayor de la Defensa nacional francesa, no había tenido en cuenta que los alemanes habían emprendido un cuidadoso plan de adiestramiento de las tripulaciones de los carros de combate y éstas lograron, en poco tiempo, desenvolverse con soltura y maniobrar con asombrosa facilidad en las regiones boscosas. En el empleo de las unidades Panzer en un sector inesperado radicaba el éxito del innovador plan de ataque ideado por el general Erich Manstein.

Las unidades belgas de la 1ª División de cazadores de las Ardenas se desplegaban en los sectores de Arlon-Martelange el 1er Regimiento, en Bastoña-Houffalize el 2º Regimiento y en Vielsalm-Trois-Ponts el 3er Regimiento. La división carecía de apoyo artillero, ya que su regimiento de artillería, el nº 20, había sido agregado a la 7ª División de in-

fantería, que se desplegaba a lo largo del canal Alberto, y dos de sus batallones de cazadores también fueron agregados a la 1ª División de caballería, que se encargaba de establecer una cabeza de puente al sur del río Mosa.

Otra de las misiones encomendadas a los cazadores de las Ardenas era, en caso de tener que efectuar un repliegue, proceder a la destrucción de las obras de fábrica (puentes, vados, etc.) y nudos de comunicaciones importantes, de acuerdo con un plan ya previsto durante el año 1935.

La operación Niwi

Poco imaginaban las fuerzas belgas desplegadas en las Ardenas que los alemanes habían preparado una cuidadosa operación, mediante la cual desembarcarían desde el aire tropas de elite germanas en la retaguardia belga, de madrugada, entre Bastoña y Martelange, con el fin de facilitar el previsto avance de la 1ª División Panzer. Era ésta la llamada operación Niwi, así denominada por las dos primeras sílabas del nombre de los pueblos belgas donde debían aterrizar los aviones, Nives y Witry, que eran nudos de comunicaciones. Para el desplazamiento aéreo de los dos grupos tácticos se asignaron al 3er Batallón un centenar de aviones Fieseler Fi 156 Storch ("cigüeña"), dirigidos por el comandante Förster. Estos aviones ligeros era capaces de despegar y tomar tierra en terrenos de corta longitud, por lo que podrían operar en los prados existentes en la boscosa región de las Ardenas. El problema radicaba, en realidad, en que cada Storch, además de su piloto, podía transportar únicamente a dos hombres con todo su equipo de combate, lo que obligaba a efectuar dos rotaciones como mínimo para trasladar al mayor número de hombres posible en el menor lapso de tiempo.

El primer grupo táctico era el que debería aterrizar cerca de Nives. El segundo grupo táctico, a las órdenes del propio *Oberstleutnant* Garski, aterrizaría en las inmediacio-

AVIÓN

HEINKEL HE 111/H-11

Este bombardero alemán tuvo su bautismo de fuego en la Guerra Civil española. Aunque poseía escaso armamento defensivo, fue muy utilizado en los primeros años de la guerra. **Dotación:** 4. **Motor:** 2 Jumo 211 de 1.300 CV. **V. máx.:** 440 km/h. **Techo de servicio:** 8.500 m. **Armamento:** hasta 7 ametralladoras de 7,92 mm. **Autonomía:** 2.800 km.

nes de Witry. Evidentemente los soldados alemanes no podían contar con armas de apoyo de mediano calibre y el único sistema de armas contra vehículos acorazados que podía transportarse en los aviones ligeros eran los fusiles dotados de granadas contracarro.

A las 03:20 h del día 10 de mayo de 1940 los Fieseler Fi 156 de los grupos tácticos despegaron respectivamente de Dockendorf y Bitburg-Pützhöhe. Volando a una altura muy baja (entre 15 y 30 m), para evitar la alarma temprana en las posiciones belgas, los Storch cruzaron el límite belga a las 03:55 h y llegaron a las zonas de aterrizaje alrededor de las 04:00 h.

Los aviones del primer grupo, que debían ocupar Witry, aterrizaron al oeste de Triamont, pero el jefe del 3er Batallón sólo pudo reunir a los soldados que desembarcaron de cinco "cigüeñas", aparte del suyo propio, que tomaron tierra en las cercanías. Sin embargo, no disponía de minas o de armas contracarro. No obstante, el teniente coronel Garski, a pesar de la escasez de medios propios, ordenó la puesta en marcha del cumplimiento de la misión encomendada. Sus hombres procedieron a cortar las líneas telefónicas y a poner obstáculos en la carretera. En el plazo de media hora interceptaron a varios vehículos civiles y a dos soldados belgas que marchaban en bicicleta. Los primeros refuerzos alemanes, desembarcados de los despistados Fieseler Fi 156 de la primera oleada, comenzaron a unirse a Garski a partir de las 06:00 h.

Peor le fue al segundo grupo, cuyo jefe viajaba a bordo del Storch pilotado por el propio comandante Förster. El aparato, junto con otros dos más, aterrizó cerca de un pueblecito ubicado en un lugar desconocido.

OPERACIÓN NIWI: LAS TROPAS DE ELITE DESEMBARCAN EN LAS ARDENAS

En un audaz y sorprendente movimiento, varios centenares de soldados alemanes fueron aerotransportados tras las líneas belgas a bordo de frágiles avionetas de observación. Con su misión, al mejor estilo de comandos, facilitaron el avance imparable de los Panzer.

Al alba del 10 de mayo, 400 soldados del 3er Batallón de la División *Grossdeutschland* aterrizaron cerca de la frontera entre Bélgica y Luxemburgo. Dos grupos, que viajaban en 98 aviones Fieseler Fi 156, entorpecerían la reacción belga en la zona de Nives y Witry (cuyas sílabas iniciales conforman el nombre de la operación), destruyendo comunicaciones, bloqueando carreteras y capturando búnkeres. A pesar de que la mayoría no aterrizó en el lugar previsto, no encontraron demasiada oposición entre los desconcertados belgas. A las 16:00 h contactaron con la vanguardia de las divisiones Panzer.

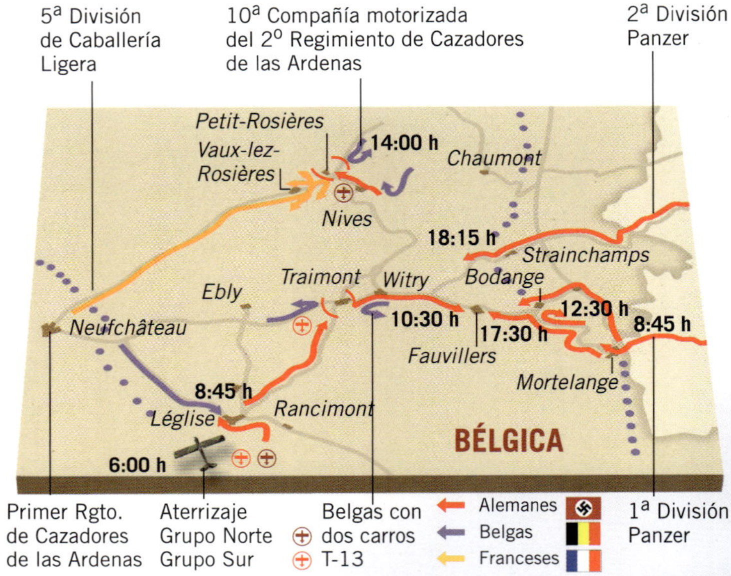

Tanques belgas

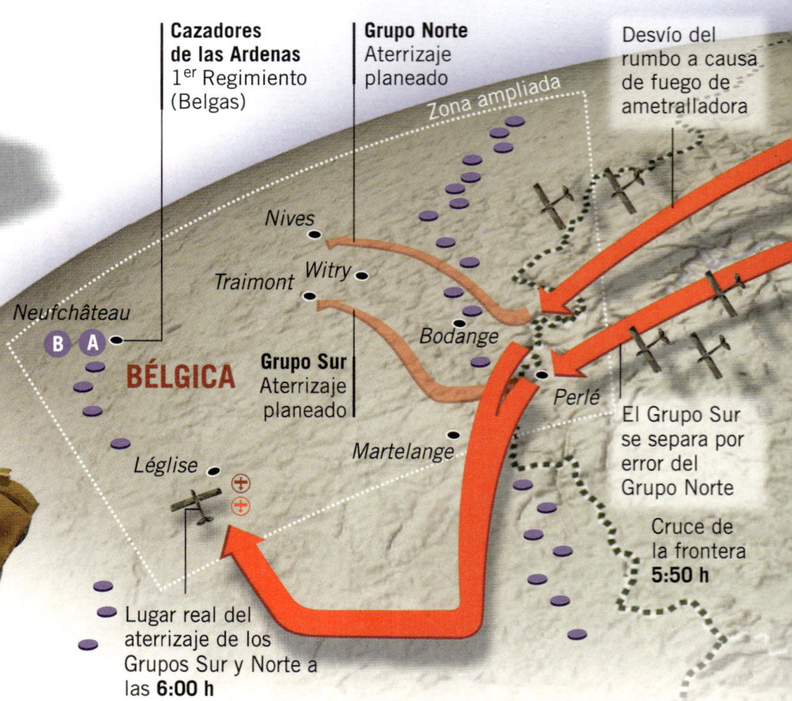

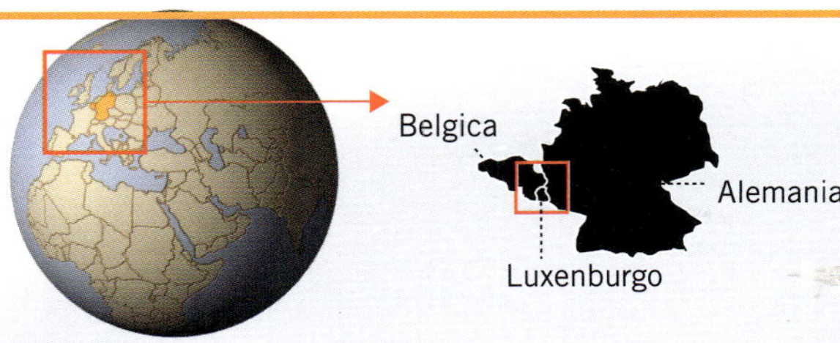

Fieseler Fi 156 'STORCH'

Avión de enlace, ambulancia y observación
Dotación: **3 hombres**
Armamento: **ametralladora MG 15 de 7,92 mm en la cabina trasera**
Velocidad: **175 km/h (máx.); 50 km/h (mín.)**
Techo de servicio: **5.000 m**

Capaz de aterrizar y despegar en pistas cortas, en la operación Niwi volaron a una altura de entre 15 y 30 m.

Otra operación parecida, el plan Hedderich, transportó 125 soldados en cinco grupos usando 25 Fi 156, con la misión de ocupar cinco cruces de carretera en la frontera francesa.

OPERACIÓN NIWI (10 de mayo de 1940)

La operación Niwi aplicó una estrategia audaz consistente en trasladar tropas de elite en avionetas de observación en las inmediaciones de las poblaciones belgas de Nives y de Witry, al objeto de facilitar el avance de la 1ª División Panzer. En la madrugada del día 10 de mayo, 400 soldados al mando del comandante Förster desembarcaron de 98 avionetas Fieseler Fi 156, tomando por sorpresa al ejército belga.

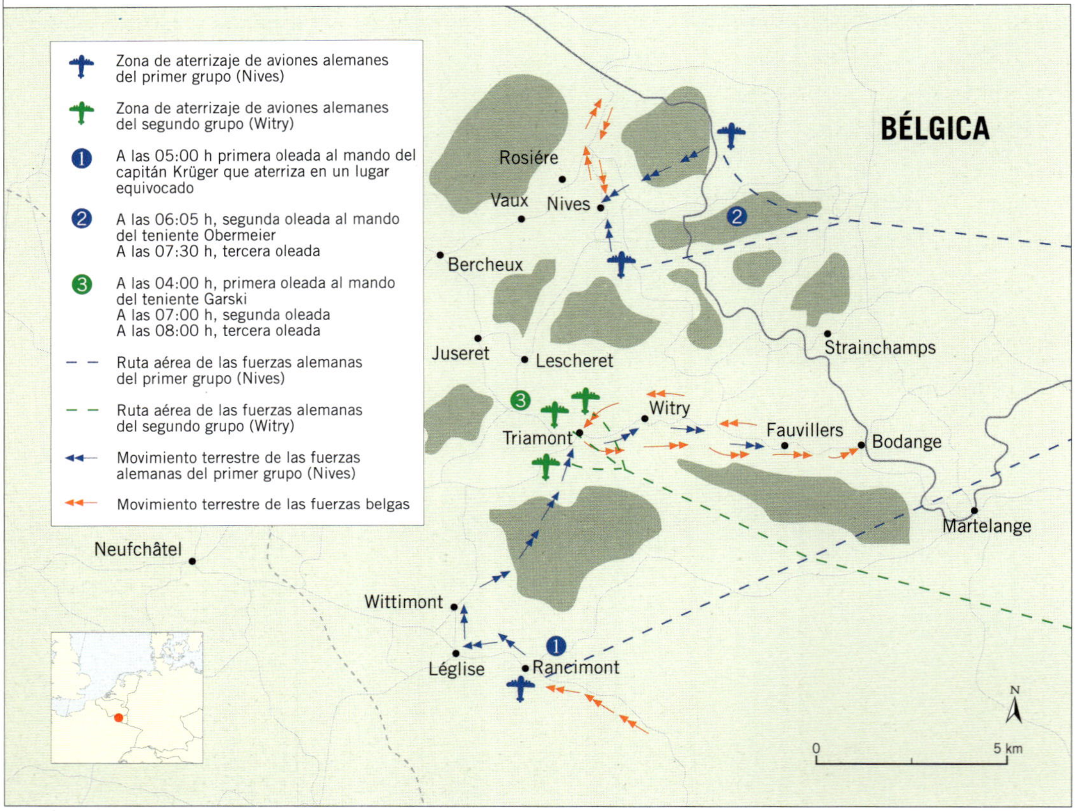

Tras orientarse, averiguaron que estaban a más de 15 km al sur de su verdadero objetivo, Nives, y allí se dirigieron. Sobre las 05:15 h encontraron en un campo los restos humeantes de ocho o nueve Fieseler Storch y a sus ocupantes en los alrededores. Se logró reunir un grupo con una sección de ametralladoras, dotada de una sola máquina, un grupo de morteros de 120 mm, pertenecientes a la 12ª Compañía y una sección de la 10ª Compañía, armada con cinco fusiles contracarro, además de dos aparatos de radio. Estas unidades eran del Grupo Garski, así que Krüger entendió que debería dirigirse hacia Witry, que era el verdadero objetivo del mencionado grupo táctico, y emprendió la marcha hacia el este. En consecuencia, era claro que el jefe de la primera oleada del grupo de Nives no había conseguido llegar a su destino.

Para el teniente coronel Garski, aislado en la campiña con un puñado de hombres, las cosas empezaron a mejorar a partir de las 07:00 h, cuando llegó la segunda oleada de avionetas Storch, que transportaba dos secciones dirigidas por el jefe de la 10ª Compañía, el capitán Fort. Con estos refuerzos pudo instalar la posición defensiva en una pequeña colina al oeste de Witry y mirar la carretera Neufchâteau-Witry. Estas fuerzas, a pesar de sus escasos medios, neutralizaron varios pelotones de reconocimiento belgas. A las 08:00 h llegó una tercera oleada de Fieseler Fi 156, que transportaba una sección de ametralladoras y otra de morteros pertenecientes también a la 10ª Compañía. Las cosas empezaron a mejorar.

Sin embargo, sobre las 08:30 h, los germanos observaron que un vehículo blindado se acercaba al pueblo de Witry. Esta vez ya no se trataba de una mera patrulla de infantes belgas aislados. Era una docena de hombres, bajo el mando del teniente Schweicher, apoyado por un carro de combate T-13, que dirigía el sargento Origer. Si bien los soldados del 1er Regimiento de cazadores de las Ardenas permanecieron a la expectativa, el vehículo blindado atravesó el pueblo, en dirección a Triamont, sosteniendo fuego de ametralladora con los soldados alemanes, que estaban apostados a ambos lados de la carretera y que respondían de igual forma.

CAÑÓN ANTIAÉREO BOFORS de 40 mm y 60 calibres. La artillería antiaérea belga, al igual que la de otros países europeos, contaba con estas armas de fabricación sueca.

El carro T-13 no insistió en su avance y, tras el corto combate, se retiró hacia Witry. Desde allí volvió a realizar otra intentona, disparando su cañón y la ametralladora contra las posiciones alemanas situadas en los alrededores de la villa de Triamont. Fue entonces cuando Garski ordenó a la sección de morteros de la 10ª Compañía alemana que efectuasen cinco disparos sobre la salida oeste de Witry, tras lo cual el blindado T-13 emprendió la retirada hacia Fauvillers, de donde procedían los belgas.

Por su parte, el grupo del capitán Krüger, que había emprendido la marcha por la carretera Neufchâteau-Martelange, se encontró a la salida hacia el este de Léglise con un grupo de combate belga, perteneciente a la 10ª Compañía del 3er Batallón del 1er Regimiento de cazadores de las Ardenas, que dirigía el teniente Vierandeels, compuesto de motocicletas con sidecar y dos carros de combate T-15. Este destacamento de reconocimiento había salido a las 05:15 h de Bertrix y, tras haber pasado por Neufchâteau realizando un amplio rodeo, se dirigía hacia Léglise. Después de toparse con las tropas alemanas del *Grossdeutschland*, los belgas, tras un breve combate, obligaron al grupo de Krüger a retirarse hacia unas colinas situadas al oeste de Léglise para organizar una mejor defensa de sus hombres. El destacamento de Vierandeels permaneció en el pueblo mencionado hasta las 15:00 h, cuando emprendió el repliegue hacia Neufchâteau, importante nudo de comunicaciones viales que era necesario proteger.

TRAS LA OPERACIÓN NIWI, LOS SOLDADOS ALEMANES DOMINABAN LOS DOS IMPORTANTES NUDOS DE COMUNICACIONES BELGAS

El grupo Krüger no había conseguido aterrizar en Nives en el curso de la primera oleada, pero a las 06:05 h tomaron tierra en los alrededores los Fi 156 de la segunda oleada, bajo el mando del teniente Obermeier, que pertenecía a la 11ª Compañía y que rápidamente se percató de la situación. Los hombres de la primera oleada no estaban allí y había que cumplir la misión desde el principio. Ordenó entonces un reconocimiento en dirección a Vaux-lez-Rosières. A las 07:30 h mejoró notablemente la situación del grupo de Obermeier, ya que aterrizó, cerca de Nives, una tercera oleada de avionetas Storch, que desembarcó a los hombres de las 2ª y 3ª Secciones de la 11ª Compañía, las cuales disponían de fusiles con dispositivos para lanzar granadas contracarro, verdaderamente útiles en aquellas circunstancias. Ante la llegada de estos refuerzos, el teniente Obermeier estableció una posición defensiva cerca de Petit-Rosière y se encargó de cortar las comunicaciones telefónicas. Los alemanes consiguieron capturar una quincena de soldados belgas y dos camiones civiles que marchaban por la carretera. Estos dos vehículos civiles permitieron a los hombres de Obermeier realizar reconocimientos motorizados en dirección a Vaux-lez-Rosières y en los bosques situados al este de Petit-Rosière.

Los objetivos de la operación Niwi se habían logrado, por fin, aunque con harto esfuerzo. Los soldados alemanes del Regimiento *Grossdeutschland* dominaban los dos importantes nudos de comunicaciones belgas. El camino para el avance de la 1ª y 2ª Divisiones Panzer estaba abierto.

EL AVANCE IMPARABLE POR LAS ARDENAS DE LAS DIVISIONES PANZER

Aunque el estado mayor francés consideraba que la región boscosa de las Ardenas era una barrera infranqueable, las divisiones acorazadas alemanas fueron avanzando con asombrosa facilidad anulando cualquier posibilidad de respuesta de las tropas aliadas.

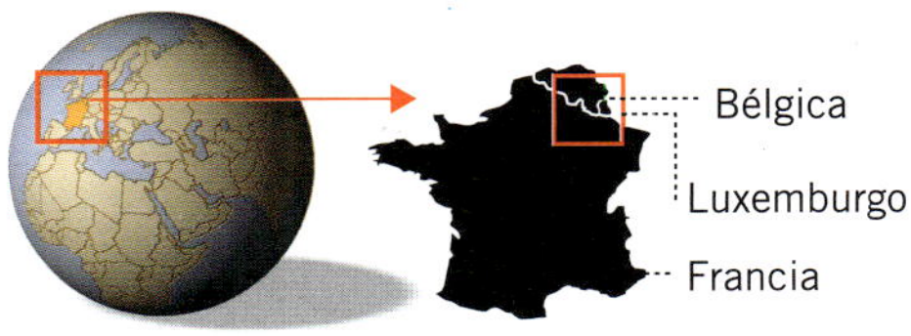

El avance de la fuerza acorazada principal alemana se realizó a través de los bosques de las Ardenas, en Luxemburgo y Bélgica, hasta el Semois y el Mosa, terreno considerado tortuoso no sólo para unidades acorazadas sino para grandes ejércitos. Los aviones de reconocimiento franceses fracasaron al no identificar la magnitud del avance alemán, y las escasas unidades franco-belgas presentes se vieron impotentes para frenarlo.

Potez 63-11
Dotación: **3 hombres**
Armamento: **3 ametralladoras de 7,5 mm y hasta 500 kg de bombas**
Velocidad máxima: **425 km/h**

12 de mayo

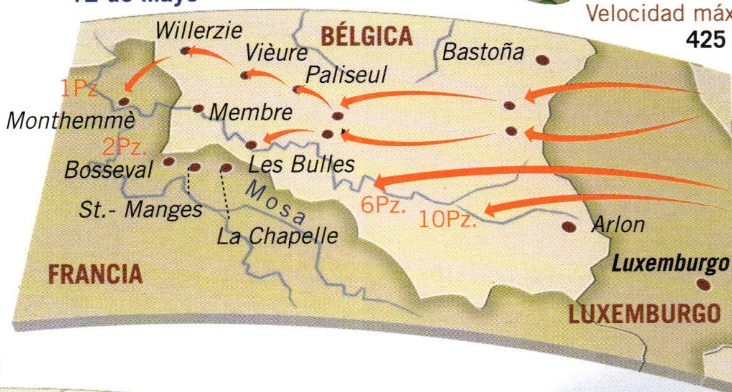

Potez 637
Dotación: **3 hombres**
Armamento: **1 ametralladora de 7,5 mm y hasta 200 kg de bombas**
Velocidad máxima: **425 km/h**
Autonomía: **1.500 km**

11 de mayo

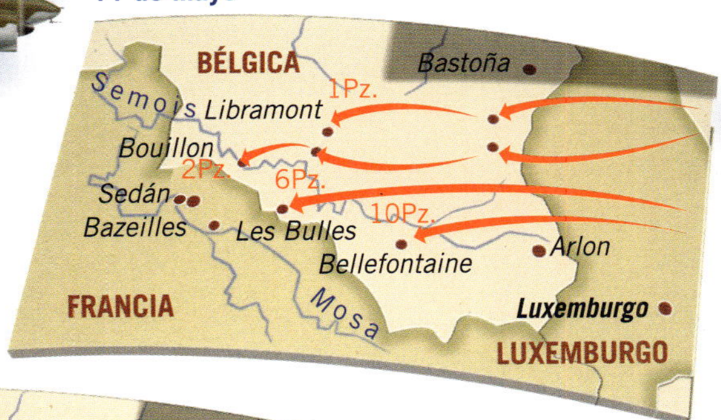

SdKfz 231: vehículo de reconocimiento, punta de lanza de las divisiones Panzer.

10 de mayo

SdKfz 251: vehículo blindado de transporte de tropas, elemento clave en la *Blitzkrieg*, pero sólo disponible en algunas unidades de cada división Panzer.

T-13: carro ligero belga, basado en un modelo Vickers, armado sólo con una ametralladora.

Panzer II: era uno de los vehículos más numerosos en las divisiones Panzer, a pesar de contar con un débil blindaje y de estar armado sólo con un cañón de 20 mm y una ametralladora.

La 1ª División de cazadores de las Ardenas se integraba en la Agrupación K, que defendía el citado sector boscoso. Al 1er Regimiento de cazadores de la mencionada división le había deparado el destino sufrir la acometida de los medios acorazados germanos, pertenecientes a la 1ª y 2ª Divisiones Panzer, integrados en el 19º Cuerpo de ejército Panzer, que dirigía el general Heinz Guderian, uno de los creadores de la *Blitzkrieg*.

En la madrugada del 10 de mayo de 1940 las unidades de la 1ª División Panzer, mandadas por el general Kirchner, comenzaron a poner en marcha los motores de sus vehículos. Sobre las 06:30 h de aquel día las unidades de vanguardia de la división atravesaron la frontera de Luxemburgo sin grandes dificultades, para llegar a las proximidades de la frontera belga, frente a Martelange. Allí estaba acantonada la 4ª Compañía del 2º Batallón del 1er Regimiento de cazadores de las Ardenas. Las tropas alemanas del grupo de marcha Voraus no encontraron gran resistencia por parte de los belgas, ya que la unidad se preocupó principalmente de desarrollar el plan de destrucciones previsto, emprendiendo el repliegue ordenado bajo la presión germana. Los belgas destruyeron los puentes, ocasionando algún retraso de las unidades alemanas, y los pontoneros tuvieron que realizar el tendido de pasarelas de circunstancias para permitir el avance de los vehículos.

La primera escaramuza algo seria que tuvieron las tropas de la 1ª División Panzer se produjo en los alrededores de Bodange. Esta villa fronteriza belga estaba defendida por dos secciones de la 5ª Compañía del 1er Regimiento de cazadores (capitán Bricart), que tenía la misión de proteger la retirada de los elementos de la 4ª Compañía, desplegada en Martelange, después de haber realizado las labores de destrucción que le habían sido encomendadas. Estas fuerzas deberían retirarse después sobre Fauvillers, donde se encontraba la plana mayor del 2º Batallón del regimiento. Pero la orden de repliegue no llegaría jamás a las fuerzas de la 5ª Compañía.

Las dos secciones de la compañía mencionada, la 3ª y la 2ª, estaban bajo el mando respectivo del teniente Autphenne y del subteniente Docquier. La primera de ellas, que disponía de un carro de combate T-13, dos ametralladoras, cuatro fusiles ametralladores y un equipo de lanzagranadas, defendía la salida de la carretera que venía de Warnach. La segunda

sección contaba únicamente con cuatro fusiles ametralladores y un lanzagranadas y desplegaba más al sur. La sección restante de la 5ª Compañía, la 1ª, mandada por el teniente Nemry, estaba destacada mucho más al norte, en las cercanías de Strainchamps. El jefe de la 5ª Compañía de cazadores, el ya mencionado capitán Bricart, estableció su puesto de mando en el molino de Bodange, en la carretera de Fauvillers.

A mediodía, la 4ª Compañía abandonó Martelange y, tras atravesar Bodange, se dirigió a Fauvillers, donde estaba la plana mayor del 2º Batallón. Sobre las 15:00 h, llegó una orden del jefe del 1er Regimiento de cazadores y el comandante Agon se retiró de la villa mencionada con la 4ª Compañía. Los integrantes de la 5ª Compañía quedaron abandonados a su suerte.

BLINDADO

T-15

Este carro ligero era uno de los escasos vehículos de las unidades acorazadas belgas. En esencia, era la versión belga del carro de origen británico Carden Lloyd de 4 t. **Peso:** 1,8 t. **Dotación:** 2. **Motor**: Ford Modelo T de 40 CV. **V. máx.:** 40 km/h. **Armamento:** 1 ametralladora Hotchkiss de 13,2 mm. **Blindaje:** 10 mm. **Autonomía:** 140 km.

Frente a los defensores de Bodange avanzaban las vanguardias de la 1ª División Panzer, constituidas por el 1er Batallón de motocicletas, que marchaban por la carretera de Martelange y que tomaron contacto con la sección del subteniente Docquier, en las cercanías de Wisembach. Por otra parte, dos batallones del 1er Regimiento de infantería mecanizada germano, que transitaban por las carreteras que procedían de Warnach en dirección a Bodange, atacaron a las tropas belgas por ambos flancos.

Tras una heroica resistencia de las dos secciones, atacadas por tropas muy superiores en número y en material, tras casi tres horas de combate y efectuando repliegues escalonados bajo el nutrido fuego enemigo, el único oficial belga superviviente, el teniente Autphenne, ordenó la rendición de sus soldados. Eran las seis de la tarde del 10 de mayo de 1940. Las unidades germanas de la 1ª División Panzer tenían libre el camino en dirección a Neufchâteau.

UNA SECCIÓN DE CAZADORES DE LAS ARDENAS SE ENFRENTARÍA A LA 2ª DIVISIÓN PANZER, AL MANDO DEL GENERAL VEIEL

Una sección de cazadores de las Ardenas habría de enfrentarse a la vanguardia de las tropas de la 2ª División Panzer, que mandaba el general Veiel, la cual penetró en Bélgica entre las poblaciones de Surré y Tintange. Esta vanguardia estaba constituida por el Grupo de marcha A, el 74° Regimiento de artillería y el 38° Batallón de zapadores. A las 13:30 h la 3ª Sección de reconocimiento alemana pudo ocupar Tintange sin dificultad, después de rodear el demolido cruce de carreteras al este del pueblo. Sobre las 14:00 h, los primeros motoristas germanos penetraron en Strainchamps, con precaución, pues esperaban que la villa estuviese defendida por los belgas. Y, en efecto, pronto se toparon con el fuego defensivo de las ametralladoras de la 1ª Sección de la 5ª Compañía de cazadores de las Ardenas. Como un ataque frontal tenía pocas posibilidades de éxito, los soldados alemanes rodearon la posición por el nordeste, en dirección de la carretera Burnon-Hotte, pero se toparon con el fuego de un pequeño grupo de combate belga, mandado por el sargento Brau, perteneciente a la 2ª Compañía de cazadores, aunque los alemanes pronto liquidaron la resistencia de este grupo, ya que muy poco después estaban atacando el flanco de los hombres de la 1ª Sección. Los atacantes recibieron el apoyo artillero de los obuses de 105 mm, del 74° Regimiento de artillería y una salva dejó fuera de combate uno de los reductos fortificados del teniente Nemry.

Entretanto, por el sur, los vehículos semioruga SdKfz 251 transportaron a los granaderos germanos que atacaban por el otro flanco, estableciéndose en las cercanías de una casa abandonada. El carro de combate T-13 de los defensores, con su cañón de 47 mm, consiguió incendiar la casa, pero no logró hacer que los alemanes retrocediesen.

Poco después, sobre las cinco de la tarde, un Panzer germano apareció a la salida del pueblo de Strainchamps, avanzando sobre la posición belga que defendía el acceso al puente destruido. El vehículo blindado T-13 de la sección de cazadores volvió a intervenir, logrando un impacto que inutilizó una de

ATAQUE DE LA 1ª Y 2ª DIVISIÓN PANZER A LA 1ª SECCIÓN DE CAZADORES DE LAS ARDENAS (mayo de 1940)

En la madrugada del 10 de mayo, la 1ª División Panzer avanzó hasta la frontera belga, encontrando resistencia en Bodange, defendida por dos secciones de la 5ª Compañía del 1er Regimiento de cazadores, que se rendirían a las 18:00 h. Por su parte, la 2ª División Panzer ocupó Tintange y Strainchamps, obligando a la 1ª Sección de cazadores de las Ardenas a batirse en retirada.

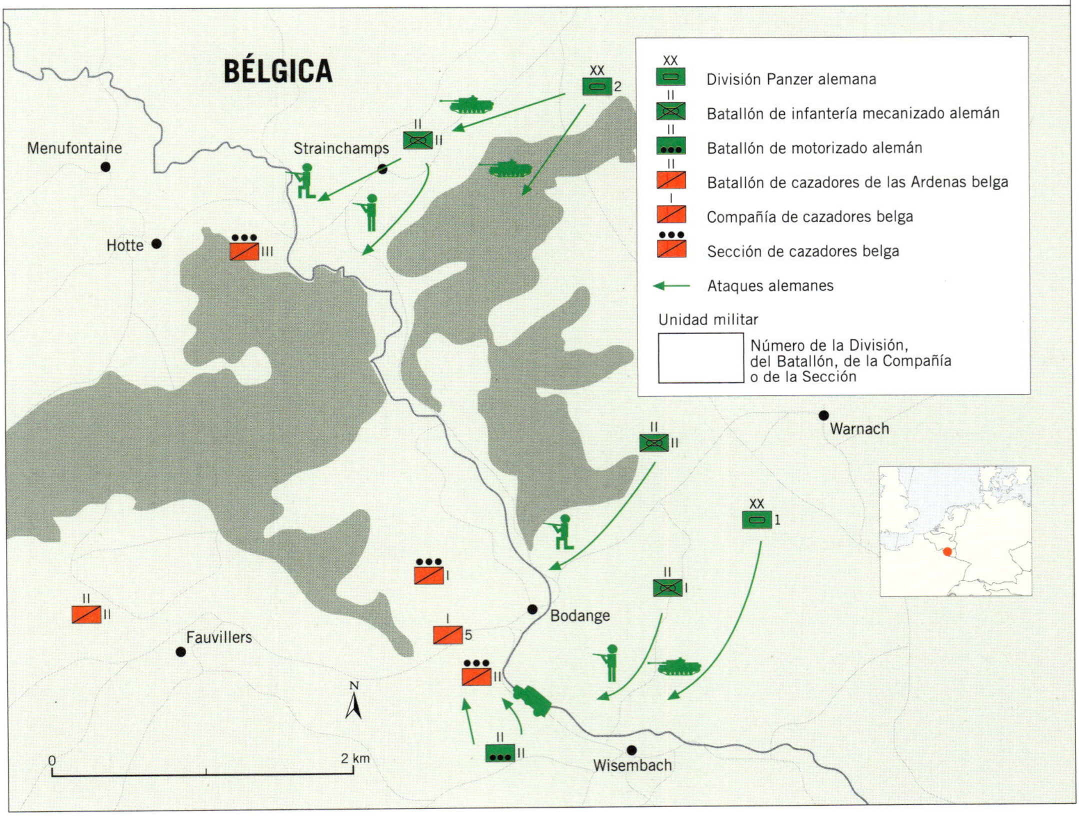

las cadenas del carro de combate teutón, y éste quedó inmovilizado. Pudiera parecer que el combate se inclinaba a favor de los defensores, pero no era más que un espejismo. Aunque momentáneamente los alemanes permanecían inmovilizados ante el puente destruido, los belgas estaban a punto de ser completamente rodeados. El teniente Nemry se percató que toda resistencia ulterior sería inútil y no tuvo más remedio que ordenar el repliegue de sus hombres a través de la zona boscosa, y consiguió enlazar con sus compañeros de la 4ª Compañía de cazadores, que se replegaba también hacia el norte.

El camino de la 2ª División Panzer estaba libre al fin, y los vehículos germanos pudieron reemprender su avance hacia el interior de Bélgica. La lucha del ejército belga en la frontera de las Ardenas para evitar el ataque alemán había cesado. La "barrera infranqueable de las Ardenas" no había sido más que un mito soñado por el estado mayor galo.

LOS ALIADOS GANAN LA BATALLA DEL CRIPTOANÁLISIS

La rotura del código Enigma resultó decisiva para facilitar la victoria aliada. En Francia, los servicios de descriptación ya habían obtenido muy buenos resultados aprovechando la experiencia de los polacos Rejewski, Zygalski y Rozycki.

Una vez que se evidenció la caída definitiva de Polonia, los tres miembros más destacados del grupo de descriptación polaco Marian Rejewski, Henryk Zygalski y Jerzy Rozycki, huyen a Rumanía, donde se presentan en la Embajada inglesa, que les rechazó amablemente. Posteriormente se presentan en la Embajada francesa, que se encargó de enviarlos a Francia. Ya en suelo galo, empiezan a trabajar en un centro de radio-inteligencia en el Château de Vignolles en Gretz-Armainvillers, cerca de París, con el nombre en clave "Bruno". En el grupo, el peso de interceptación de mensajes y de logística corría fundamentalmente a cargo del personal francés, y las tareas de criptoanálisis a cargo del personal polaco (grupo Z) y español (grupo D).

La idea de utilizar a los españoles fue del jefe de la *Section d'Examen* del estado mayor del *Cinquième Bureau*, Gustave Bertrand, que al igual que en el caso de Polonia volvió a demostrar su buen hacer. Después de la caída de Cataluña se produjo un éxodo masivo hacia Francia de soldados republicanos, entre los que había muchos especialistas. Bertrand se puso en contacto con el jefe del servicio de información militar del estado mayor de la República española, el teniente coronel Manuel Estrada Manchón, para averiguar qué se había hecho de los miembros de su servicio de descifrado. Éste le dio toda la información de que disponía ayudado por su hermano Carmelo, que era el jefe de ese servicio. Varios de ellos fueron reclutados y enrolados en la Legión extranjera. El jefe del grupo español se ha sabido recientemente que era Faustino Antonio Camazón, que sobrevivió a la guerra y acabó trabajando para el Ministerio de Asuntos Exteriores francés. Del resto de los miembros no sabemos nada. Sólo se puede conjeturar que César Vigas Vigas, Manuel Inglada Díaz, José Medina Cantero o José Díaz Rodríguez debían de ser algunos de ellos, ya que formaban parte del grupo de descriptado dirigido por Estrada.

Las relaciones entre los miembros españoles y los polacos no fueron inicialmente buenas. Los primeros consideraban a los españoles como comunistas, y dado el papel que había tenido la URSS en Polonia, la desconfianza era lógica. Pero el funcionamiento del grupo parece ser que fue bueno: entre finales de octubre de 1939 y mediados de junio del año siguiente se interceptaron y leyeron 4.789 mensajes y se reconstruyeron 141 claves. En algunos casos el descriptado sirvió de poco, como en el caso del bombardeo de París del 3 de junio de 1940. Bertrand informó con antelación al cuartel general del ejército del Aire; sin embargo, el general Vuillemin, comandante en jefe de las fuerzas aéreas, le indicó que no tenía aviones de caza para oponerse a esa operación.

El 22 de junio de 1940, el mariscal Pétain firma el armisticio con Alemania, y Bertrand decide evacuar a los componentes de "Bruno" a Argelia. El 24 de junio por la mañana parten todos de Toulouse en tres aviones. Poco tiempo después vuelven a Francia para seguir con sus operaciones de interceptación y descifrado y enviar los resultados a Inglaterra. Bertrand, con el nombre Barsac, compra el castillo de Fouzes, en Uzes, cerca de Nimes. Los 32 miembros del grupo, entre españoles, franceses y polacos, entran en Francia y empiezan a trabajar activamente a partir del primero de octubre. El nombre en clave de la unidad era "Cadix", y en Uzes, si bien era habitual ver a Bertrand y a su chófer, nadie vio nunca a los españoles o a los polacos.

El año 1942 fue malo para el grupo; en enero una tormenta provoca el hundimiento del trasatlántico *Lamorciere*, cerca de la isla de Menorca, y acaba con la vida de cuatro de sus miembros, entre ellos Rozycki, y además se pierden dos máquinas de cifrar. Unos meses después los componentes españoles son embarcados hacia el Norte de África y a finales de ese año, en noviembre, los alemanes descubren "Cadix" y el resto de sus componentes se vieron obligados a huir. Hasta ese día se habían descriptado un total de 4.679 mensajes, la mayoría de la policía, el ejército y de agentes alemanes en suelo francés. [J.R.S.]

UNA MÁQUINA "NEMA" de la firma suiza Zellweger AG, fabricada durante la posguerra y basada en la famosa Enigma germana, cuyo código lograron romper los aliados. Suiza utilizaba máquinas Enigma para asegurar sus comunicaciones militares desde 1938. Advertidos en 1941 por los servicios polacos en el exilio de que la máquina no era segura, empezaron a desarrollar una variante de la misma con una mayor seguridad, la NEMA ('Neue Maschine'). La finalizarían en 1945 y entraría en funcionamiento en 1947.

CAPÍTULO 05

BÉLGICA Y GRAN BRETAÑA DEJAN SOLA A FRANCIA

Tras las primeras noticias de la invasión alemana de Bélgica y Holanda, el general Gamelin, jefe del estado mayor de la Defensa nacional francesa, ordenó la puesta en marcha del plan de ataque Dyle-Breda a las 07:00 h del día 10 de mayo de 1940.

Por su parte, los aliados lanzaron su plan de contención, plan Dyle-Breda, y la *9ème Armée* inició la marcha inmediatamente, enviando sus unidades de infantería hacia el río Mosa, mientras que la caballería se dirigió a la región de las Ardenas, donde las divisiones de cazadores belgas realizaban su maniobra de retardo, volando las obras de fábrica, retrasando así el avance de los elementos acorazados de las divisiones Panzer. El 11º Cuerpo de ejército francés del general Martin, que debía alcanzar la ciudad de Dinant, solamente pudo enviar algunos batallones sueltos, transportando al personal en vehículos de cadenas. El grueso de la infantería de esta gran unidad francesa no habría de llegar al frente hasta el 14 de mayo, pero el mando galo consideraba que había tiempo más que suficiente, ya que se esperaba que los germanos alcanzasen Dinant el día 16. La 5ª División de caballería francesa acudió a reforzar a los cazadores de las Ardenas belgas, intentando cubrir la línea Bastoña-Libramont-Neufchâteau, a través de la cual avanzaban los vehículos del 19º Cuerpo de ejército Panzer. Las dos Divisiones de cazadores de las Ardenas, en la tarde del día 10, recibieron orden de retirarse hacia el norte, a excepción del 3er Regimiento de la 2ª División, que repelió el ataque de la vanguardia de la 7ª División Panzer del general Erwin Rommel, constituida por el Batallón de motociclistas, impidiendo la llegada de esta unidad hasta el río Ourthe durante esta primera jornada de lucha.

No obstante, las dos divisiones Panzer del 15º Cuerpo de ejército (Hoth), la 5ª y la 7ª, continuaron su avance hacia Dinant el día 11, al igual que las dos del 41º Cuerpo de ejército (Reinhardt), la 6ª y la 8ª, lo hacían sobre Monthermé y Nouzonville, ciudades situadas más cerca de la frontera sur de Bélgica.

Las 6ª y 8ª Divisiones Panzer seguían a las unidades de Guderian, pero la primera de ellas se encontró el camino bloqueado por

EL REY LEOPOLDO III (derecha) y el ministro de Defensa belga, general Denis, observan unas maniobras militares del 8º Cuerpo de ejército, en Dinant, junto a una pieza de artillería.

EL AVANCE DE LOS PANZER germanos en Bélgica se vio frenado por los trabajos de destrucción realizados por las tropas belgas en la zona de las Ardenas. En la imagen soldados germanos, junto a un Panzerkampfwagen II, observan los restos de un puente destruido.

los vehículos de la 2ª Panzer, cuyos ingenieros se hallaban en momentánea situación de bloqueo. Entretanto, la 1ª División Panzer logró romper el frente de la 5ª División de caballería francesa, a pesar de las órdenes de resistencia a ultranza dadas por el general Huntziger, jefe de la *2ème Armée*. A última hora de la tarde del día 11 de mayo, la 1ª División de Guderian había conseguido llegar a las afueras de Bouillon.

En el centro de Bélgica, el cuerpo expedicionario británico había logrado alcanzar sus lugares de emplazamiento en la línea del río Dyle, y se atrincheraba en fuertes posiciones defensivas. Sin embargo, las unidades de la *1ère Armée* francesa (Blanchard) tuvieron serias dificultades para ocupar sus previstas posiciones en el desfiladero de Gembloux. El jefe del Cuerpo de ejército de caballería, general Prioux, comunicó al del *Groupe d'Armées* nº 1 (general Billote) que resultaría casi imposible cumplir los objetivos del plan Dyle-Breda. Pero lo que ignoraban los aliados es que esta operación resultaba, en realidad, una trampa mortal para ellos. Las unidades germanas que avanzaban por las carreteras y caminos de las Ardenas, protegidas por el paraguas natural de la propia vegetación de aquella zona boscosa, parecían no preocupar demasiado al general Gamelin, obsesionado por la situación militar de Holanda y del norte de Bélgica. La escasa actividad aérea de los aliados durante estas primeras jornadas impidió a los franceses hacer una correcta evaluación de la amenaza alemana en el sector de Sedán, ya que sus aviones de reconocimiento no pudieron apreciar la verdadera importancia de los medios acorazados concentrados en la región de las Ardenas.

El plan Dyle-Breda, en realidad, más que favorecer los intereses aliados, vino a propiciar el éxito de la inesperada maniobra germana en dirección a Sedán ejecutada por la agrupación Panzer de von Kleist. Cuatro ejércitos franco-británicos, además del ejército belga, iban a quedar aislados del grueso de las fuerzas francesas que, además, ha-

brían de recibir la presión de los poderosos medios de los ejércitos alemanes 4º y 6º. El día 12 de mayo el ejército belga recibió orden de retirada, con el objeto de enlazar con las tropas británicas en el río Dyle, lo que dejó expuesto el flanco del cuerpo de ejército del general francés Prioux al ataque de los Panzer germanos. Por fin, los aviones de reconocimiento aliados detectaron centenares de vehículos blindados y fuerzas motorizadas enemigas dirigiéndose a buen ritmo hacia Francia por las carreteras de los alrededores de Dinant, Givet y Bouillon, ya muy cerca del río Mosa. En esta misma fecha, fuerzas de las 5ª y 7ª Divisiones Panzer, tras duros combates con la retaguardia de la caballería francesa, consiguieron situarse sobre la orilla este del Mosa, a la altura de Yvoir y Dinant respectivamente.

Por la noche, los hombres de Rommel descubrieron un paso desguarnecido y lograron establecer una cabeza de puente lo suficientemente fuerte para permitir el paso de las nuevas fuerzas. Los hombres del 6º Regimiento de fusileros comenzaron a cruzar el Mosa a las tres de la madrugada del día 13 en botes neumáticos, bajo el copioso fuego que provenía de la otra orilla. Tras una jornada de continuos combates, el día 14 comenzaron a cruzar los primeros elementos acorazados.

Pese a la tenaz resistencia franco-belga, la confusión reinaba en el seno de las filas aliadas. La falta de comunicaciones y de enlace entre las diversas unidades hacía casi imposibles los contraataques coordinados. No obstante, el día 14 de mayo, la unidad de dragones motorizados del 2º Cuerpo de ejército francés inició un ataque sobre Haut-le-Wastia, adonde había llegado la vanguardia del 7º Batallón motociclista germano, logrando hacer algunos prisioneros; pero la unidad francesa, inexplicablemente, se retiró a sus antiguas posiciones. Entretanto, el 7º Regimiento de fusileros alemanes había llegado hasta Onhaye, donde hubo de entablar un fuerte combate con la 4ª División francesa del Norte de África. Rommel se dirigió hasta allí a bordo de un PzKpfw III, mandando personalmente una pequeña unidad del regimiento Panzer de la 7ª División, y siguió de cerca el curso de la lucha hasta que su carro de combate resultó alcanzado por un disparo enemigo que lanzó al vehículo blindado por un desnivel. Protegido por botes de humo lanzados por otro de los carros germanos que le acompañaba, el general Rommel pudo salir indemne de aquel peligroso lance.

Los Panzer alemanes continuaron la presión mas allá de Onhaye y, a última hora de la tarde, alcanzaron Anhée. Además, el puente construido sobre el Mosa por los ingenieros alemanes permitía el paso de una mayor cantidad de carros de combate, que continuamente reforzaban los elementos de combate de la 7ª División de Rommel.

Más al norte, en Yvoir, una división de infantería germana también consiguió cruzar el río Mosa, lo que hizo que se retirase precipitadamente la 22ª División francesa, situación que produjo una gran irritación al general Corap, que ordenó un inmediato contraataque que finalmente no se llevaría a cabo. La moral de las fuerzas franco-belgas estaba por los suelos. Ante esta situación de desmoralización, el general Martin dio orden de re-

pliegue a todo el 2º Cuerpo de ejército galo, que se retiró a la línea Fosse-Mettet-Oret-Florennes-Chaumont-Vodecée-Merlemont.

La brecha de Sedán: el principio del fin

Las fuerzas blindadas del general Guderian seguían avanzando por las carreteras de la región de las Ardenas, aunque, debido a la aglomeración de unidades germanas, la progresión no era tan rápida como cabía esperar. No obstante, la 6ª División Panzer comunicó al mando de la agrupación táctica que en el transcurso de la jornada no se habían producido ataques terrestres o aéreos. ¿Dónde se encontraba, pues, el enemigo?

En realidad, la precipitada retirada de la 3ª Brigada de *spahis* –tropas coloniales norteafricanas– había dejado desprotegida a la caballería francesa, por lo que el general Corap ordenó a los *spahis* el retorno a sus antiguas posiciones en el río Semois, lo que no se pudo conseguir, debido a que las fuerzas de Guderian habían aprovechado muy bien la retirada de las tropas coloniales galas. Los carros de combate de Guderian

BLINDADO

PANZERKAMPFWAGEN 38 (T) AUSF A

Este carro ligero de origen checo fue adoptado en gran número por el ejército alemán, tras la anexión de Checolovaquia, por sus excelentes características. **Peso:** 9,4 t. **Dotación:** 4. **Motor:** Praga EPA de 125 CV. **V. máx.:** 42 km/h. **Armamento:** 1 cañón de 37 mm L/48,7 y 2 ametralladoras de 7,92 mm MG 37. **Blindaje:** 25 mm.

LA CIUDAD DE SEDÁN, que fue clave para la arrolladora victoria alemana, resultó prácticamente destruida por los fuertes combates que allí tuvieron lugar.

progresaban ahora con gran rapidez. La vanguardia alemana, constituida por el Batallón de motociclistas de la 1ª División Panzer, había conseguido atravesar la escarpadura que domina el río Mosa en la oscuridad, y al amanecer del día 12 de mayo, los blindados de la 1ª División estaban ya en la carretera que conducía a Sedán, en Francia. El general francés Huntziger intentó contener el avance alemán con la 5ª División ligera de caballería, pero esta unidad tuvo que replegarse al otro lado del Mosa, perseguida por los vehículos acorazados germanos. Ante la premura de la situación, Huntziger no tuvo más remedio que solicitar refuerzos al general Georges, que envió a Sedán a la 3ª División de infantería motorizada.

El general von Kleist había ordenado a Guderian cruzar el río Mosa a las 13:00 h del día 13 de mayo, pero Guderian solicitó retrasar el ataque, puesto que la 2ª División Panzer se había quedado rezagada y los pontoneros y zapadores alemanes no estaban

EL PLAN DYLE-BREDA (10 de mayo de 1940)

El día 10 de mayo, a las 07:00 h, el general francés Gamelin dio la orden de poner en marcha el plan de ataque ideado por los aliados. Consistía en enviar las unidades de infantería hacia el río Mosa, al tiempo que la caballería se dirigiría a las Ardenas para detener a las divisiones Panzer. En la práctica, sus efectos fueron contraproducentes ya que favoreció el avance de las tropas alemanas hacia Sedán.

UN CARRO DE COMBATE LIGERO BELGA T-15, con la cadena izquierda averiada, es inspeccionado por dos suboficiales alemanes de la artillería antiaérea tras su captura.

en condiciones de ser utilizados, debido a los grandes esfuerzos realizados en las jornadas anteriores. Von Kleist se mantuvo firme y Guderian regresó a su cuartel general para preparar el cruce del río. Si la 2ª División Panzer llegaba a tiempo, cruzaría por Donchery, en tanto que la 1ª División Panzer lo habría de hacer por Torcy y Glaire, al norte de Sedán. Por el sur de esta ciudad cruzaría la 10ª División Panzer del general Schaal. El ataque principal, asignado a la 1ª División Panzer del general Kirchner, contaría con el refuerzo del Regimiento *Grossdeutschland*. Igualmente, contaría con el apoyo de los grupos de artillería de las otras dos divisiones, llevando en vanguardia a un batallón de zapadores de asalto. A retaguardia del 19º *Panzerkorps* de Guderian se encontraba preparado el 14º Cuerpo de ejército motorizado, a las órdenes del general Wietersheim, al que se encomendaba la explotación del éxito en caso de producirse la ruptura.

Tras una metódica preparación artillera y el ataque aéreo de los Dornier Do 17 y los Junkers Ju 87 Stuka sobre la artillería enemiga, los puestos de mando y las líneas de comunicaciones a primeras horas de la tarde del 13 de mayo, comenzó el cruce del Mosa en botes neumáticos, realizado, por una parte, por el Regimiento *Grossdeutschland*, y por otro, por los zapadores de asalto. Los combates fueron muy duros, pero la 1ª División Panzer consiguió hacer pasar a seis de sus batallones y establecer, al otro lado del río, magníficas posiciones dominantes.

La 10ª División Panzer, con sus zapadores al frente, pudo cruzar el río y destruir varias posiciones fortificadas enemigas, lo que permitió establecer la cabeza de puente necesaria para el cruce de las unidades blindadas, ya que los dos puentes principales sobre el Mosa, ubicados en las cercanías de Sedán, habían sido volados por los franceses.

EN EL CONSEJO DE GUERRA INTERALIADO DEL 21 DE MAYO, WEYGAND SUPO ENTONCES QUE LOS FRANCESES IBAN A QUEDARSE SOLOS

Sin embargo, a última hora de la tarde, Guderian aún no había conseguido situar sus carros de combate en la orilla oeste del Mosa. Los pontoneros llegaron a media tarde y comenzaron la construcción de un puente de 16 toneladas que a media noche del día 13 estaba terminado, y por el que comenzaron a cruzar los Panzer germanos de la 1ª División. En la mañana del día 14 de mayo los blindados alemanes iniciaron su marcha en dirección a Chéhéry y Bulson. Las unidades blindadas galas trataron desesperadamente de organizar un contraataque, pero éste, tras un cierto éxito inicial, acabó siendo rechazado. Los alemanes habían logrado su objetivo. La brecha abierta en el sector de Sedán, de unos 90 km de anchura, era el principio del fin de los aliados.

El día 16 de mayo, el general Gamelin telegrafiaba al primer ministro británico, Churchill, solicitando el envío de diez escuadrones de cazas. Por su parte, el jefe del gobierno francés, Paul Reynaud, remitió a Churchill otro telegrama solicitando también refuerzos terrestres. Los franceses admitían, de antemano y como segura, la derrota de sus fuerzas. Winston Churchill viajó a París por vía aérea en aquella misma jornada. En el transcurso de la entrevista, efectuada en el ministerio de Asuntos Exteriores francés, Churchill preguntó a Gamelin dónde estaban las reservas estratégicas, a lo que éste contestó que no existían. Churchill confesó en sus memorias que tal respuesta constituyó una de las mayores sorpresas de su vida. Pocos días después los alemanes llegaban al mar y cerraban la trampa.

Ante la grave situación planteada en Bélgica, urgentemente fue convocado en Ypres, para el día 21 de mayo, un consejo de guerra interaliado. Por parte belga participaba el propio rey Leopoldo III, acompañado por los generales Overstraeten y Michielis. Por parte francesa llegó el general Weygand, sucesor de Gamelin como comandante en jefe del ejército, junto con los generales Billote, Champon y Fagalede. El único representante británico era el almirante sir Roger Keyes, ya que lord Gort no pudo llegar a Ypres a tiempo para participar en la reunión.

Weygand comunicó sus planes al rey Leopoldo, señalando que los belgas debían

TROPAS DEL DERROTADO EJÉRCITO BELGA, que capituló el 28 de mayo de 1940, entregan sus armas a los vencedores en uno de los puntos de recogida establecidos en la calle.

cubrir a los franceses, y el monarca replicó que no podía aceptar tal propuesta, puesto que significaba sacrificar la defensa de la propia Bélgica. Únicamente apoyaron la decisión del rey Leopoldo III los dos generales del estado mayor belga. No obstante, el monarca pidió a Weygand que le concediese 24 horas de reflexión. Weygand supo entonces que los franceses iban a quedarse solos. Los belgas y los británicos no iban a sacrificarse a favor de los galos. Por ello, ordenó al general Billote que emprendiese con sus propios medios el ataque a partir de la Línea Arras-Cambrai, antes de que se produjesen los enlaces de la infantería germana con sus unidades blindadas y acorazadas. Lord Gort, que llegó a Ypres a las 21:00 h debido a los embotellamientos de las carreteras de Bélgica, recibió un somero informe acerca de la reunión precedente. También comunicó que los británicos no iban a acompañar a los franceses en su ataque hacia el sur, sino que se retirarían hacia Dunkerque, para regresar desde aquel puerto francés a Gran Bretaña. Para mayor desgracia de los franceses, el general Billote falleció a consecuencia de un accidente de automóvil. Los documentos del contraataque galo quedaron destruidos al incendiarse el vehículo en que viajaba el general, con el agravante de que sólo él conocía los planes de ataque estudiados con Weygand. Los ejércitos franceses, situados al norte del río Somme, se quedaban por lo tanto sin jefe y sin órdenes de operaciones.

Los británicos, duramente presionados por la 2ª y 10ª Divisiones Panzer, sacrificaron a parte de sus fuerzas, mandadas por el general Nicholson, que se defendieron en Calais, donde capitularon el día 26 de mayo. Los alemanes hicieron prisioneros a unos 20.000 hombres, de los cuales entre 3.000 y 4.000 eran británicos. El resto eran soldados belgas, holandeses y franceses.

Por estas fechas, el medio millón de belgas en armas se encontraba al borde del colapso. Churchill, sin dar cuenta siquiera al estado mayor belga, ordenó al general Gort que únicamente se ocupase del reembar-

que de las fuerzas británicas. Los soldados belgas, prácticamente sin alimentos y sin agua, realizaron un último y vano intento de improvisar una línea defensiva contra los medios acorazados alemanes. Se alinearon cerca de 2.000 vagones de ferrocarril sobre el tramo ferroviario Ypres-Rouler, maniobra dilatoria que apenas sirvió para algo.

El día 27 de mayo de 1940 el rey de los belgas, Leopoldo III, declaró que el papel de Bélgica en la contienda se había terminado y que tenía intención de permanecer en el país con el objeto de mantener la actividad económica de la nación. Tal decisión la tomó el joven monarca en contra de la voluntad de su propio gobierno.

Dos días antes se había celebrado el último consejo del gobierno belga en el cuartel general del rey, en el cual, aparte del monarca y los generales de su estado mayor, participaron tres miembros del consejo de ministros; entre ellos, el jefe del gobierno, Pierlot, y el ministro de Asuntos Exteriores. Cuando el rey les manifestó su intención de rendirse personalmente a los alemanes, los miembros del gobierno le recordaron que, además de ser el comandante supremo de las fuerzas armadas, era primordialmente el

jefe del estado y su función principal, tras la rendición, habría de ser ésta, aunque fuese desde el exilio. Pero Leopoldo III fue tajante, diciendo que él permanecería en Bélgica.

A las cinco de la tarde del día 27 de mayo, el segundo jefe del estado mayor belga, el general Derousseaux, cruzó con bandera blanca las líneas germanas para solicitar un armisticio. A las 22:00 h estaba de vuelta y comunicó al rey la contrapropuesta alemana de rendición sin sanciones. Tras un momento de vacilación, el monarca aceptó la rendición de sus fuerzas armadas y propuso un alto el fuego para las cuatro de la madrugada del día 28 de mayo. No realizó ningún preaviso de sus intenciones de capitular a sus antiguos aliados.

Al conocerse la noticia de la rendición de Bélgica, el primer ministro francés, Reynaud, en una enfurecida intervención radiofónica, comunicó a la opinión pública de su país que el rey belga había arrojado las armas en plena batalla. También fue muy duro con su soberano el jefe del gobierno belga, quien, también a través de la radio, anunció a los ciudadanos que el rey Leopoldo III se había opuesto al parecer unánime del gobierno y que, al rendirse de esta forma, había roto todos sus vínculos con el pueblo belga. En Gran Bretaña, el mismo día 28, Churchill manifestó en la Cámara de los Comunes que no iba a formular un juicio sobre la decisión del monarca y que su ejército se había batido valientemente, si bien con graves pérdidas. Tenía razón el primer ministro británico, ya

TRIPULANTE DE UN CARRO DE COMBATE FRANCÉS.
Independientemente del vehículo, todas las dotaciones de unidades acorazadas portaban el mismo uniforme.

que el ejército belga había sufrido, entre muertos y heridos, 23.350 bajas. No obstante, el día 4 de junio y en el mismo lugar, Churchill mudó de opinión y declaró que no había habido consulta previa a los aliados. Obviamente, lo que no mencionó fue que él mismo había tomado una decisión bastante parecida, al ordenar la evacuación del cuerpo expedicionario británico desde Dunkerque, abandonando a los belgas y franceses a su propia suerte.

La rendición del ejército belga dejó al descubierto una brecha de casi 40 km entre Ypres y el canal de la Mancha, en el flanco del ejército británico destacado en el continente europeo. De ahí la indignación general de los aliados. Los alemanes trataron de aprovechar el gran efecto moral de la capitulación belga y los aviones de la *Luftwaffe* lanzaron gran número de octavillas sobre las tropas galas incitándoles a la rendición. Pero los franceses continuaron la lucha, en solitario, hasta el día 22 de junio de 1940, en que se vieron obligados a solicitar el armisticio.

Tras la finalización de la guerra, el pueblo belga pasó factura a su antiguo soberano. En primer lugar, el rey de los belgas hubo de exiliarse en Suiza. Hasta cinco años después, tras un reñido referéndum, que ganó con un escasísimo 50 % de votos afirmativos y que produjo graves conflictos entre la población del país, Leopoldo III regresó al trono para abdicar, muy poco tiempo después, en su hijo Balduino.

MOTOCICLISTA DE UNA UNIDAD DE CABALLERÍA FRANCESA. Uniforme modelo 1938. Las prendas impermeables comenzaron a utilizarse ese año en estas unidades.

LA FLOTILLA NAVAL BELGA, INTERNADA EN BILBAO

Acabada la guerra en septiembre de 1945, el gobierno belga solicitó a su homólogo español que le fueran devueltos unos buques de guerra que habían buscado asilo en Portugalete en junio de 1940 para evitar ser requisados por los alemanes.

El 10 de mayo de 1940 las fuerzas belgas se vieron desbordadas por la marea alemana. Se requisaron barcos de pesca, yates y prácticos que participarían en la evacuación de Dunkerque. Los barcos destacados al *5ème Groupe de Patrouilleurs* francés se retiraron a Burdeos y a San Juan de Luz y de allí salieron a Portugalete el 26 de junio, buscando asilo. En total eran seis barcos, el A 4, el A 5, el N 1, el pesquero O 140 *Jeannine Georgette*, el pesquero C 348 *Van Maerlant* y el pesquero Z 8 *Theo Natalie*, escasamente armados. Las embarcaciones fueron internadas y amarradas en la dársena de Gobelas y desarmadas de su material bélico. Las dotaciones fueron internadas en el campo de concentración de Miranda de Ebro, con la excepción de seis marineros, una clase y un oficial para la custodia y conservación de los buques. Finalmente serían repatriados el 23 de febrero de 1941, con la excepción de los *Lieutenants* Massart, Jadot y Van Vaerenbergh con el *Premier Maître* Doutrepont, que oficialmente se quedaron a cargo de los barcos, pero con la secreta idea de llegar a Gran Bretaña.

El 8 de junio, el gobierno belga refugiado en París es evacuado a Poitiers. Mientras tanto, Leopoldo III, que se ha quedado en Bélgica, firma la capitulación, no como jefe del estado sino como jefe de las fuerzas armadas. Los miembros del gobierno en Francia se ven desconcertados porque creen que el rey nombrará un nuevo gobierno como soberano del país, pero éste se declara prisionero de guerra e incapacitado para reinar. Únicamente el ministro de Sanidad, Marcel-Henri Jaspar, embarca para Inglaterra. Ya el 22 de junio hace el primer llamado de resistencia, invitando, entre otros, a los marinos mercantes a que abandonen los puertos franceses y se unan a los británicos. Para entonces, el resto del gobierno se había retirado a Vichy, proponiendo algunos ministros al rey que firmase un armisticio con los alemanes, mientras otra facción le sugiere que huya a Londres y otros, como el ministro de Colonias, De Vleeschouwer, planean retirarse al Congo para continuar la lucha. El gobierno ordena a este ministro desplazarse a Madrid, pero a medio camino otros funcionarios le aconsejan dirigirse a Londres. El trasiego de personal entre Madrid, Londres y Vichy es constante y seguidamente De Vleeschouwer va a Madrid, donde convence a otros para que se unan a la causa.

Mientras tanto, en Londres, ya desde el comienzo de las hostilidades se había establecido una misión de cooperación militar y económica dirigida por el barón Boël, la cual, junto con la embajada, constituiría el primer núcleo de gobierno en el exilio. Una de sus primeras medidas sería poner a disposición de los aliados su flota mercante. El 24 de agosto, otros dos ministros salen de Vichy y se dirigen a Francia. La primera reacción del gobierno del general Franco es devolverlos a Francia y se pasan tres días en tierra de nadie, entre las dos aduanas. Después se les autoriza a entrar formalmente, pero el 18 de octubre dan esquinazo a sus escoltas españoles y se dirigen a Portugal para continuar su viaje a Inglaterra. Se forma el primer gobierno en el exilio con cuatro ministros.

Acabada la guerra, el gobierno belga solicitaba la devolución de los buques internados en Bilbao. El 22 de septiembre de 1945, el Ministerio de Asuntos Exteriores remitía un escrito al Ministerio de Marina para comunicar la decisión de acceder a la petición belga. El 20 de octubre, el Comandante de Marina de Bilbao informaba al almirante jefe del estado mayor de la Armada de la llegada del patrullero belga *Ibis II*, que venía a hacerse cargo de los buques internados, con la intención de zarpar de Bilbao el día 25. La puesta a punto de los motores atrasó la salida de los tres pesqueros, pero el día citado se devolvía al *Lieutenant de Vaisseau* Demulder el armamento desmontado en 1940 y que mientras tanto había sido trasladado al Parque de Artillería de Burgos. El *Lieutenant* Jadot y el *Sousofficier* Dupont regresaban ese día a Bélgica en el N 1. Los viejos A 4 y A 6 no se hicieron a la mar, en parte por falta de carbón y en parte por el interés del estado belga de deshacerse de unos buques tan vetustos. [J.C.S.]

EL PATRULLERO BELGA A4, perteneciente a la 5ª Flotilla de vigilancia, fue uno de los buques belgas refugiados en aguas españolas.

CAPÍTULO 06

VIRTUDES Y DEBILIDADES DE LA FORTALEZA HOLANDA

El sistema defensivo de Holanda estaba orquestado en torno a una cadena de fuertes, en su mayoría decimonónicos, que fueron incapaces de detener el avance alemán. Inevitablemente, la mítica Fortaleza Holanda ('Vesting Holland') se desmoronaría cual castillo de naipes.

Holanda había permanecido neutral, beneficiándose económicamente de ello, durante la Primera Guerra Mundial, y los holandeses pensaban que podrían conservar este estatus en caso de un nuevo conflicto. En base a ese planteamiento habían hecho muy poco para reforzar su otrora formidable sistema defensivo. De hecho, apenas se había hecho algo a lo largo del último siglo. Las fortificaciones del siglo XIX estaban totalmente obsoletas y sólo se habían completado dos fuertes modernos durante los años veinte, tras la construcción del *Afsluitdijk* (gran dique). Este dique, con su moderna carretera, abría la puerta trasera de la *Vesting Holland* (Fortaleza Holanda), el corazón del país. El planteamiento holandés casi se cumple, pues el 29 de octubre de 1939 la invasión de Holanda fue excluida del plan *Fall Gelb* (Plan Amarillo) y sólo se contempló que el 6º Ejército cruzase el "apéndice" holandés. Pero, ante la insistencia de la *Luftwaffe* (fuerza aérea alemana), que necesitaba bases desde las que atacar Inglaterra, y el miedo a que los holandeses permitiesen la penetración de los aliados en su territorio, Holanda fue incluida de nuevo como objetivo de la cuarta versión del plan *Fall Gelb* el 30 de enero de 1940.

La principal defensa de la *Vesting* la constituía la *Nieuwe Hollandse Waterlinie* (NHW, nueva línea acuática), que se extendía desde Miuden, en el Ijselmeer, hasta Nieuwegein, en el Lek. La inundación del terreno entre el Zuider Zee y el Bajo Rin suponía la baza fundamental de esta estrategia defensiva. Pero dichas inundaciones necesitaban varios días para poder ser efectivas. Para obtener ese tiempo preciso en la eventualidad de una invasión, las líneas primitivas fueron reforzadas y complementadas por la Línea Grebbe en 1940. Las defensas alrededor de Amsterdam, De Stelling, fueron aumentadas a principios de siglo con fuertes armados con cañones de 60 mm en torres

EL EJÉRCITO ALEMÁN avanza por una carretera holandesa el 15 de mayo. En un vano intento de retrasar la marcha, los holandeses talaron los árboles, para obstaculizar la ofensiva.

y de 110 mm en casamatas, que defendían los puntos de cruce y los sistemas de control de las inundaciones. Uno de los inconvenientes de esta cadena de fuertes era que precisaba al menos de 20.000 hombres de guarnición permanente, cifra que el ejército holandés no podía ni soñar. En 1938 sólo 400 hombres ocupaban las posiciones de la frontera y, tras la movilización al comienzo de la guerra, se desplegaron un total de 40.000 hombres a lo largo de la frontera.

La Fortaleza Holanda consistía en varias posiciones defensivas alrededor del corazón sociopolítico y económico del país, que incluía las ciudades de La Haya, Amsterdam, Rotterdam y Utrecht. Aunque los principales centros de producción agropecuaria estaban fuera de la *Vesting*, la posibilidad del abastecimiento por vía marítima hacía que este hecho fuese considerado secundario. Cada línea fortificada anclaba sus flancos en formidables barreras de agua. Esta situación se vio alterada con la construcción del gran dique, que proporcionaba una forma de penetrar por la retaguardia. Por ello, se construyeron dos modernos fuertes, que cubrían ambos extremos, adaptados a las características del terreno. No poseían subterráneos ni enormes cinturones de alambradas, más bien eran búnkeres que se cubrían entre sí y dominaban puntos clave del terreno construidos sobre islas artificiales. Ambos fuertes se denominaron Kornwerderzand, con 17 búnkeres, y Den Oever, con 13. Los búnkeres estaban armados con ametralladoras, cañones anticarro de 50 mm y reflectores. También albergaban puestos de mando, motores y abrigos. El espesor del hormigón oscilaba entre dos y tres metros. Habían sido prácticamente finalizados en 1933. La guarnición de cada fuerte constaba de unos 200 hombres. Adyacente a Kornwerderzand, en la costa frisia, se encontraba la posición de Wons, bastante vulnerable, con unos 95 búnkeres en total.

Estos fuertes holandeses no tenían nada que ver con sus contrapartes franceses o belgas, ya que la naturaleza misma del terreno impedía la construcción de todo tipo de subterráneos y galerías.

La Fortaleza Holanda se encontraba situada en el área entre el Waal y el Lek, el Zuider Zee y el mar del Norte. El Stelling van Amsterdam, el viejo anillo de fuertes alrededor de la ciudad, era de escaso valor militar en 1940. La Línea Grebbe constituía la principal defensa, mientras que la Línea Maas-Ijssel, más avanzada, había sido concebida para retrasar al invasor. La denominada Línea Peel-Raam, que se extendía hasta Bélgica, era muy débil, y en cualquier caso no se disponía de fuerzas para defenderla, aunque sobre el papel fuese poderosa, con 79 torres acorazadas, 280 búnkeres de ametralladoras y 13 búnkeres anticarro. La principal posición fortificada de estas líneas la constituía el fuerte Pannerden, en la Línea Maas-Ijssel, había sido construido en 1872, estaba artillado con cinco cañones de 150 mm y cuatro de 105 mm y su guarnición era de 300 hombres. En 1940 fue reforzado por cuatro cañones navales de 70 mm y aún representaba un obstáculo a tener en cuenta. En esta línea había un total de 352 torres acorazadas y 480 búnkeres de

LA FORTALEZA HOLANDA CONSISTÍA EN VARIAS POSICIONES DEFENSIVAS ALREDEDOR DEL CORAZÓN SOCIOPOLÍTICO Y ECONÓMICO DEL PAÍS

EL FUERTE KORNWERDERZAND, UNA PIEZA CLAVE EN EL SISTEMA DEFENSIVO HOLANDÉS

Esta fortaleza, finalizada en 1939, que dominaba puntos estratégicos del terreno y que cubría el acceso al dique cerrando el paso al lago Ijselmeer, fue objeto del ataque de la 'Wehrmacht'. Tras duros combates que se prolongaron durante varios días, el gobierno holandés optó por rendirse.

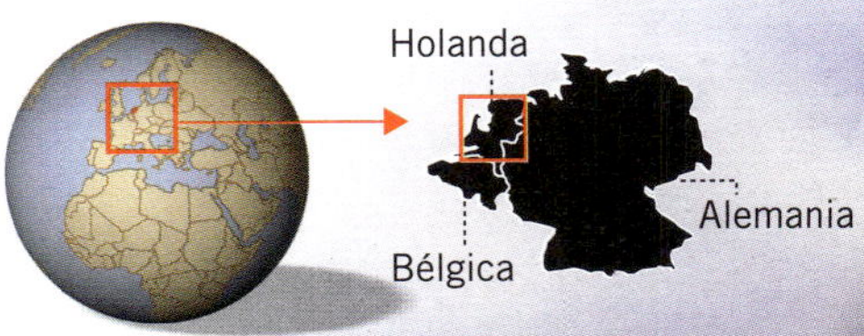

El fuerte Kornwerderzand era una de las modernas fortificaciones construidas por los holandeses para controlar el acceso a su sistema de esclusas y canales. Comprendía un total de 17 casamatas, armadas con ametralladoras y cañones anticarro, así como puestos de mando, abrigos de personal y servicios logísticos.

Las casamatas

No se podían comunicar por pasillos subterráneos debido al nivel del mar. El espesor del hormigón armado llegaba a los 3 m en los puntos más vulnerables. La guarnición era de unos 200 hombres.

Defensas holandesas

1.- Kornwerderzand
2.- Ijsellinie
3.- Maaslinie
4.- Grebbelinie
5.- Betuwestelling
6.- Maas-Waalstelling
7.- Peel-Raamstelling
8.- Waal-Lingestelling
9.- Nieuwe Hollandse Waterlinie
10.- Stelling van Den Helder
11.- Stelling van Amsterdam
12.- Vesting Holland

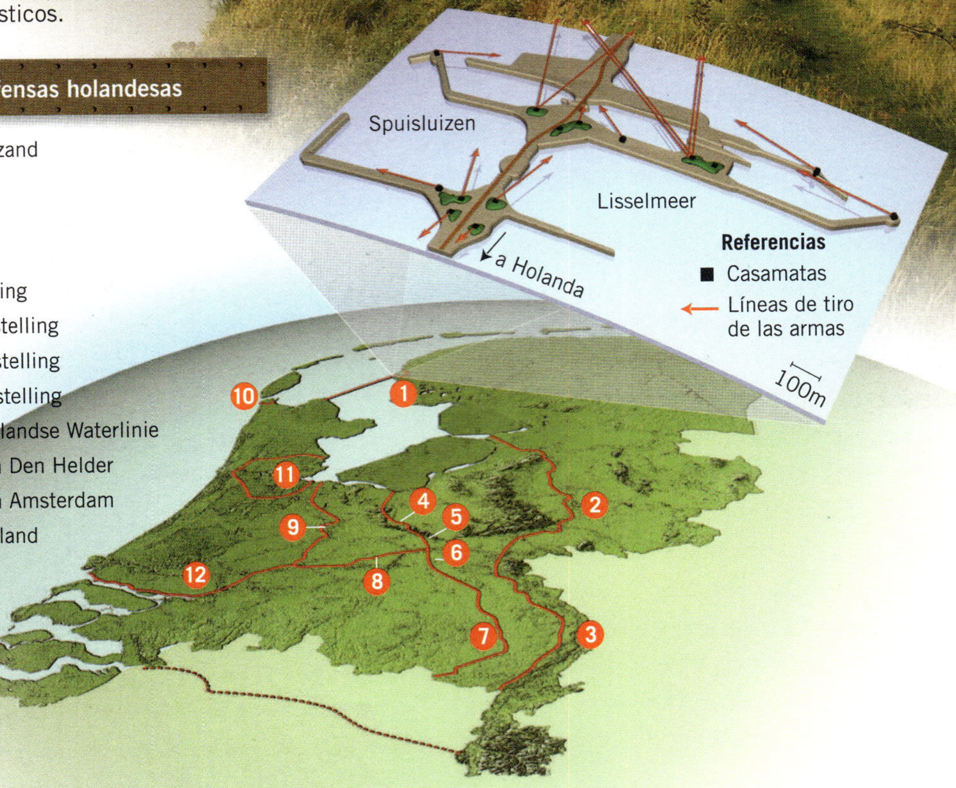

UNO DE LOS BÚNKERES HOLANDESES situado a orillas del río Mosa, abandonado por sus ocupantes, fue tomado por los alemanes en mayo de 1940 tras la invasión del país.

ametralladoras, además de 22 búnkeres anticarro. Era la más larga y carecía de las posiciones de apoyo de la Línea Grebbe.

La Línea Grebbe era la más importante, con las defensas escalonadas en cierta profundidad. Contaba con 144 torres acorazadas y 130 búnkeres de ametralladoras, además de cuatro búnkeres anticarro. Los búnkeres holandeses, a diferencia de los belgas o los franceses, eran en general pequeños. Los dotados de ametralladoras eran de diversos tipos, con dotaciones que oscilaban entre 3 y 30 hombres. Los anticarro eran los más grandes; algunos de ellos estaban dispuestos en varios niveles y contaban incluso con generadores eléctricos. Los cañones anticarro eran de procedencia belga, mientras que las torres o cúpulas acorazadas eran de fabricación nacional. Estas posiciones de combate se complementaban con otras para mando y abrigo de personal.

La defensa del territorio holandés se presentaba como un problema muy complejo. Las cuatro provincias del norte y el Limburgo eran virtualmente indefendibles dada la escasa entidad del ejército. El alto mando holandés planeaba defender sólo las provincias centrales de Noor-Holland, Zuid-Holland y Utrecht, con sus ocho divisiones de infantería y sus escasos vehículos blindados. Su aviación era muy escasa y la exigua marina de guerra estaba centrada en la defensa de las Indias holandesas. Su principal buque era el crucero ligero *De Ruyter*, que nunca volvería a la metrópoli.

La Línea Grebbe se planteó inicialmente como una línea de demora de la invasión desde la que retirarse hacia la *Vesting*. Pero las mejoras realizadas en 1939 hicieron creer que podría servir para algo más que para retardar al atacante y se pensó en ella como la línea principal de defensa. Se le incrementó el perímetro unos 40 km, quedando defendida una mayor extensión de territorio. Ante la

imposibilidad de llegar a un acuerdo con los belgas sobre la defensa común, la Línea Peel-Raam nunca fue tomada en mucha consideración y las tropas que la defendían debían replegarse ante el comienzo de la invasión.

Una parte fundamental del plan defensivo lo constituía la inundación de extensas zonas, pero había renuencia a hacerlo, dado el perjuicio para las tierras de labor y granjas. Incluso, llegado el momento, muchos granjeros lucharon contra las inundaciones, que nunca supusieron un serio obstáculo para el atacante. Los mismos obstáculos se encontraron a la hora de abrir campos de tiro para las defensas estáticas, que en algunos casos permanecieron muy limitados para no causar daños a las cosechas y bosques circundantes.

En mayo de 1940 cuatro divisiones encuadradas en el 2º y 4º *Legerkorps* (cuerpos de ejército) defendían la Línea Grebbe, desde el Ijselmeer al Lek. Una brigada defendía el sector desde el Rin hasta el Waal y otra desde el Waal hasta el Mosa. Tres divisiones (el 3er *Legerkorps* y una ligera) defendían la Línea Peel, con órdenes de retirarse ante el invasor. El 1er *Legerkorps* permanecía en reserva en el interior de *Vesting Holland*. Un total de 25 batallones guarnecían la línea fronteriza, con misiones de dar la alarma ante el comienzo de la invasión y retrasar el avance mediante voladuras y acciones de retaguardia. Otros 23 batallones ocupaban un segundo escalón, con misiones similares, a lo largo de la línea del Ijssel y la Peel. Tres batallones vigilaban la frontera belga, para mantener una neutralidad que tenía las horas contadas, y nueve más permanecían en Zelanda. Diversas unidades de defensa costera se desplegaban a lo largo del litoral.

Aunque los franceses contemplaban, en su plan Dyle-Breda, el avance de su 7º Ejército a través de Bélgica hasta Amberes para apoyar a los holandeses y belgas, el comandante en jefe holandés, el general Winkelman, sabía muy poco de los planes franceses y tampoco tomó ninguna medida para intentar coordinarse con ellos.

El territorio holandés se presentaba mucho más difícil para el atacante que para el defensor, ya que las numerosas canalizaciones de agua y sus correspondientes puentes hacían que un número escaso de defensores pudiera mantener una posición indefinidamente ante un atacante muy superior. Ante la perspectiva de que la invasión se ralentizase, el alto mando alemán ideó un plan basado en operaciones aerotransportadas para capturar

| KURT STUDENT | 1890-1978 |

EL CREADOR DEL CUERPO PARACAIDISTA ALEMÁN

Kurt Student nació en Birkhalz, el día 12 de mayo de 1890. De familia castrense, ingresó en una escuela militar a la temprana edad de once años. Fue destinado al cuerpo aéreo del ejército alemán en 1913 y participó en la Gran Guerra como oficial de aviación en el frente occidental. Entre 1916 y 1917 obtuvo seis victorias aéreas sobre los franceses y resultó herido gravemente durante un combate aéreo.

Después de finalizada la contienda europea, Student continuó sirviendo en el ejército alemán. Durante este período sufrió un nuevo y grave accidente aéreo en el que se fracturó el cráneo. En 1928 volvió a la infantería y fue ascendido a comandante. Después de la llegada al poder de Hitler ingresó en la *Luftwaffe* (fuerza aérea alemana) de Goering, en el momento en que Alemania se rearmaba. Student fue ascendido a teniente coronel. En 1938 estaba al frente de la 7ª División aérea y, poco a poco, fue transformando la estructura de su división en un cuerpo aerotransportado compuesto por pilotos, paracaidistas e infantes. Llegó así a ser inspector de todas las tropas aerotransportadas germanas.

Al comienzo de la Segunda Guerra Mundial, Student estaba preparado para debutar al frente de esta nueva fuerza. Tomó parte en la campaña de Polonia, luego en la invasión de Europa occidental y, especialmente, en el desembarco aéreo en Rotterdam (Holanda), en el curso del cual fue nuevamente herido. Repuesto de sus lesiones, regresó al servicio activo en 1940 y tomó el mando del 11º Cuerpo aéreo. Pronto se dedicó a estudiar los planes para la invasión de Yugoslavia y Grecia así como a la preparación de una operación aerotransportada sobre la isla de Creta, llamada Merkur, su mayor éxito. Después también estudiaría una operación análoga sobre la isla de Malta que no llegó a materializarse.

EL GENERAL DE LA 'LUFTWAFFE' Kurt Student, que había sido piloto durante la Primera Guerra Mundial, fue el fundador y organizador de los paracaidistas germanos, un cuerpo de elite conocido en Alemania como 'Fallschirmjäger'.

Tras la detención de Mussolini, Hitler ordenó a Student que organizara un plan para su liberación, llamado *Unternehmen Eiche* (Operación Roble). En efecto, bajo su mando, el 12 de septiembre de 1943 Mussolini fue libertado en el Gran Sasso. El 11° Cuerpo aéreo estaba siendo entonces disuelto, pero los soldados de Student combatieron bravamente durante las campañas de Italia, Rusia y Normandía. En otoño de 1944, su *Fallschirmkorps* (cuerpo de paracaidistas) resistió el desembarco aerotransportado aliado en Eindhoven, Nimega y Arnhem (Holanda) durante la operación Market-Garden.

En la última fase de la Segunda Guerra Mundial, Student estuvo al frente del nuevo Grupo de ejércitos H, encargado de defender el Rin. Posteriormente fue destinado a sustituir a Heinrich Himmler en el mando del grupo de ejércitos que se retiraba precipitadamente del río Oder. Imposibilitado para llegar a su puesto de mando, Student se vio obligado a detenerse en Lubeck, donde fue capturado por las tropas británicas. Fue condenado a cinco años de prisión por los actos de guerra cometidos durante la invasión a Creta, pero cumplió sólo dos años en Island Farm. En 1948 fue liberado y se retiró a la vida privada en Alemania Occidental. Murió en 1978. [R.P.L.]

ESCASOS Y ANTICUADOS MEDIOS BLINDADOS, como este vehículo blindado M-36, conformaban las unidades acorazadas holandesas, que opusieron escasa resistencia al invasor alemán.

puentes vitales que permitiesen el rápido avance de las tropas terrestres. Su objetivo era desplegar una alfombra aerotransportada a lo largo del Mosa y del delta del Rin, desde Moerdijk hasta Rotterdam y La Haya, para capturar puentes vitales y dislocar la defensa holandesa. El crédito de la planificación hay que dárselo al teniente general Kurt Student, comandante de la 7ª *Flieger-Division*. Cuatro años más tarde, Montgomery desarrolló un plan similar, aunque contando con muchos más medios, que acabó en la catastrófica operación Market-Garden en septiembre de 1944.

El ataque por tierra, a cargo del 18º Ejército, tendría lugar a lo largo de tres ejes. En el Norte, la 1ª *Kavallerie Division* avanzaría hacia Friesland para penetrar en la Fortaleza Holanda atravesando el gran dique. En el centro, el 10º *Armeekorps* (dos divisiones y dos regimientos de las *Waffen* SS) forzaría la Línea Grebbe y tomaría Utrecht. En el sur, el 26º *Armeekorps* cruzaría el Mosa, forzando la Línea Peel, para atacar Fortaleza Holanda desde el sur y bloquear el más que probable avance francés. Éste sería el principal ataque y lo llevarían a cabo dos divisiones. Una vez lograda la ruptura, la 9ª División Panzer avanzaría sobre Rotterdam durante el tercer día de la invasión, para penetrar en el corazón de *Vesting Holland*. El eje del avance estaba formado por la línea de puentes capturados por las tropas aerotransportadas en el primer día, que abrían el camino a Rotterdam, ciudad que constituía la clave de la defensa de todo el país. La principal misión del 18º *Armeé* consistía en separar al ejército holandés de sus aliados, que intentarían enlazarlos desde el sur.

LÍNEAS DEFENSIVAS DE HOLANDA (mayo de 1940)

Un elemento clave en la defensa de la Fortaleza Holanda era la Nieuwe Hollandse Waterlinie (NHW, nueva línea acuática), que permitía inundar el terreno entre Zuider Zee y el Bajo Rin. Estaba reforzada por la cadena de fuertes de la Línea Grebbe, que constituía la principal defensa. Por su parte, la línea Maas-Ijssel fue diseñada para retrasar al invasor, mientras que la Línea Peel-Raam, era escasamente eficaz.

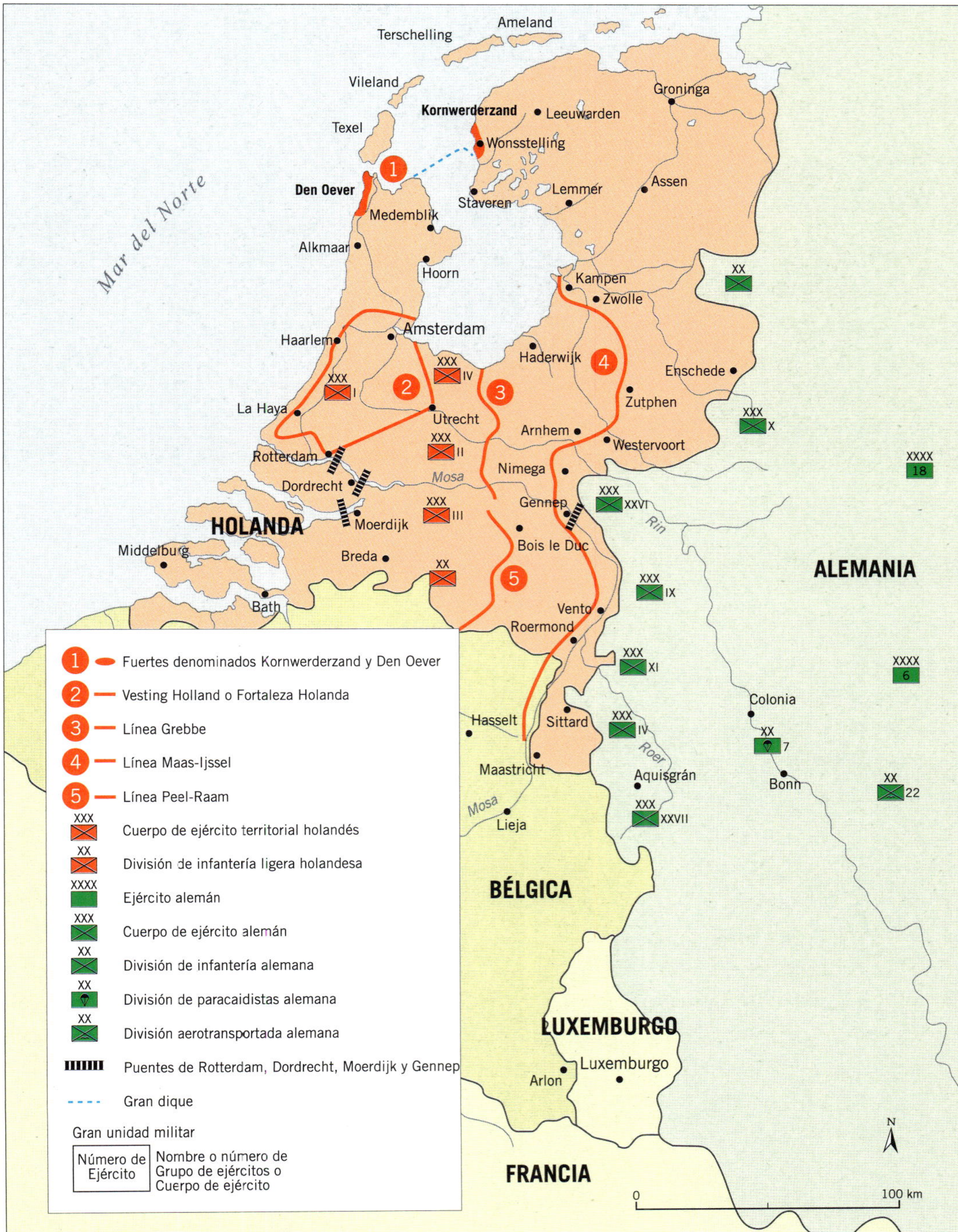

CAPÍTULO 07

CAÍDOS DEL CIELO PARA ASEGURAR LA VICTORIA

Los paracaidistas alemanes del 'Fallschirmjäger Regiment 2' se lanzarían en el corazón de Holanda, logrando el control de los aeropuertos, para ser reforzados posteriormente por el resto de las fuerzas aerotransportadas que llegarían en aviones Junkers Ju 52.

El asalto aéreo se inició el viernes 10 de mayo de 1940. Las fuerzas de asalto aéreo estaban compuestas por los 3.500 hombres de la 7ª *Flieger-Division* y los 12.000 de la 22ª *Luftlande Infanterie-Division*. Los paracaidistas se debían lanzar sobre el corazón de Holanda, para ser reforzados posteriormente por el resto de las fuerzas aerotransportadas. Se disponía de un total de 430 aviones Junkers Ju 52 repartidos en ocho grupos de 53 aparatos, cada uno de los cuales tenía capacidad para transportar a un batallón a la vez. Había dos grandes objetivos: La Haya, con el gobierno y la familia real, que sería asaltada por más de 9.000 hombres, y el pasillo hasta Rotterdam, salvando los principales cursos de agua y abriendo el paso a las unidades acorazadas al interior de la *Vesting*. Durante las primeras horas se dispondría del apoyo de 250 cazas y 170 bombarderos, antes de que tuvieran que desplazarse a otros escenarios. El apoyo inicial de la *Luftwaffe*, atacando los aeródromos y lugares designados para el lanzamiento de paracaidistas, eliminó a más de la mitad de la fuerza aérea holandesa. De hecho, sólo quedaron operativos 13 Fokker D-XXI y G-1A del total de los 62 cazas iniciales.

Alrededor de La Haya se designaron tres lugares de aterrizaje para los paracaidistas en Valkenburg, Ockenburg e Ypenburg, cada uno de ellos con un aeródromo.

Valkenburg fue el objetivo de la 6ª Compañía del *Fallschirmjäger Regiment* 2 (FJR2), con 160 hombres, que serían reforzados por el *Infanterie Regiment* 47, que disponía de 3.150 hombres. El lanzamiento se llevó a cabo sin incidencias, entre las 04:30 h y las 04:50 h, desde la extraordinaria altura de unos 80 m. A pesar de la dispersión del lanzamiento, los paracaidistas lograron capturar inicialmente el aeródromo, pero el suelo resultó demasiado blando para los 50 Junkers Ju 52 que aterrizaron posteriormente y la

DOS PARACAIDISTAS ALEMANES (izquierda) junto a soldados holandeses apresados tras la invasión en mayo de 1940.

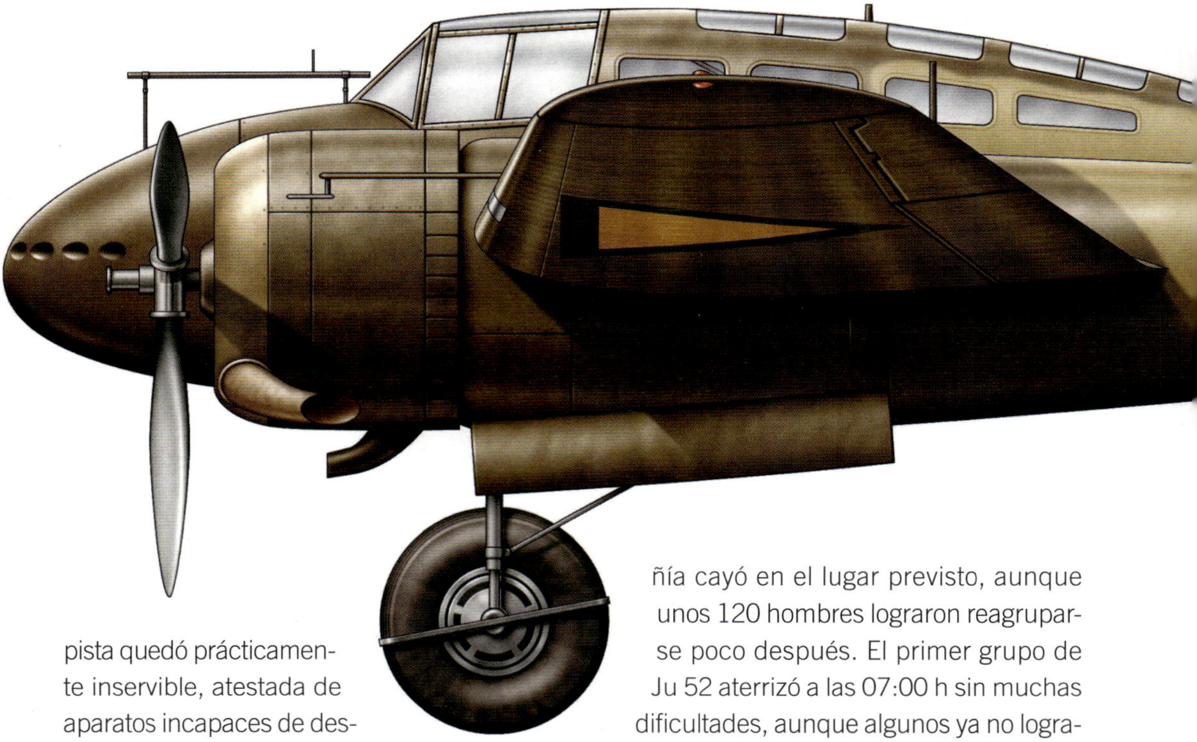

pista quedó prácticamente inservible, atestada de aparatos incapaces de despegar. Una segunda oleada de 40 aparatos apenas encontró sitio para aterrizar y muchos lo hicieron en las playas cercanas, entre Katwijk y Scheveningen, donde la mayoría también quedó atrapada.

Sometidos a un violento contraataque holandés y fuego de artillería, los alemanes quedaron divididos en dos grupos, uno de 600 hombres en el propio pueblo de Valkenburg y otro de 350 hombres cerca de Wassenaar, pocos kilómetros al oeste del aeródromo. Estas tropas rechazaron un ataque a cargo de cinco batallones holandeses, infligiéndoles fuertes bajas.

Ockenburg constituyó el objetivo de la 3ª Compañía del FJR2 (160 hombres), reforzados por el 2º Batallón del *Infanterie Regiment* 65 (900 hombres). El lanzamiento fue muy disperso, ante la densa defensa antiaérea, y menos de un cuarto de la 3ª Compañía cayó en el lugar previsto, aunque unos 120 hombres lograron reagruparse poco después. El primer grupo de Ju 52 aterrizó a las 07:00 h sin muchas dificultades, aunque algunos ya no lograron despegar. La llegada de la segunda oleada, 45 minutos después, empeoró la congestión y virtualmente bloqueó las pistas. Los siguientes aparatos aterrizaron donde pudieron, bien en las playas cercanas o bien en otros aeropuertos, que también estaban bloqueados. Los Fokker T-V holandeses bombardearon el aeropuerto a lo largo de la mañana, destruyendo varios Junkers Ju 52. Un contraataque al atardecer logró reconquistar el aeropuerto. Alrededor de 500 alemanes se reagruparon en Ockeronde, una gran hacienda al sur del aeropuerto, y establecieron posiciones defensivas allí. Lejos de atacar su objetivo inicial, La Haya, los hombres de von Sponeck establecieron un perímetro defensivo para sobrevivir.

Ypenburg fue el objetivo de la 1ª, 2ª y 4ª Compañías del FJR2 (550 hombres), reforzados por el resto del regimiento de infantería 65

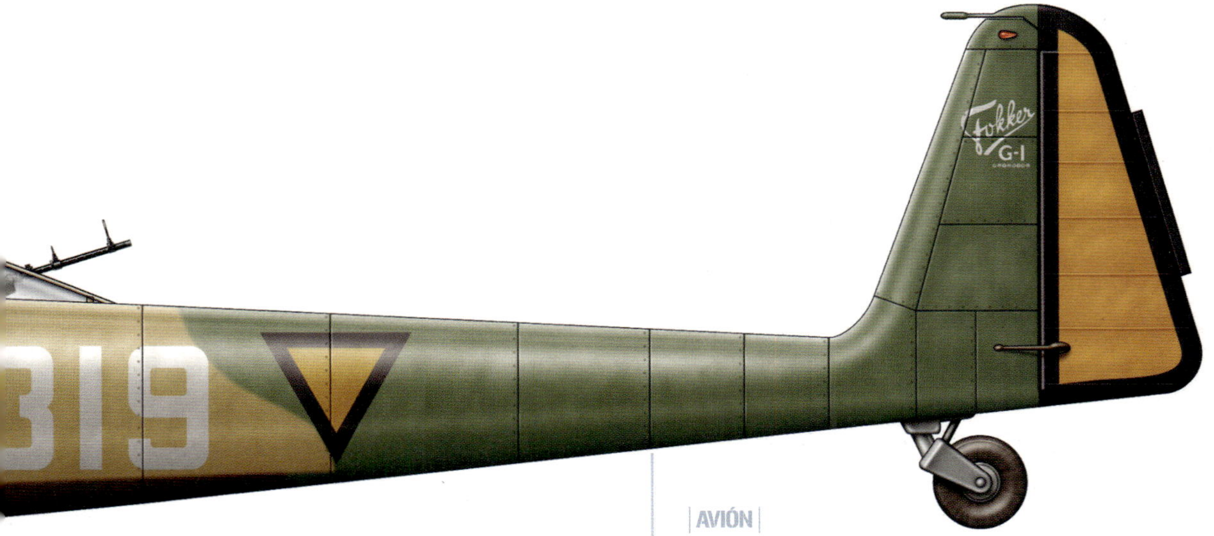

| AVIÓN |

FOKKER G-1A

Este caza pesado bimotor fue concebido por Fokker para lograr la superioridad aérea sobre los bombarderos enemigos. Conceptualmente, era similar al Me 110. **Dotación:** 2. **Motor:** 2 Bristol Mercury VII de 830 CV. **V. máx.:** 475 km/h. **Techo de servicio:** 10.000 m. **Armamento:** 8 ametralladoras Browning de 7,9 mm y 400 kg de bombas.

(4.350). Aquí la situación fue aún peor que en los otros dos anteriores aeropuertos. La mayoría de los paracaidistas cayó muy dispersa, lejos del objetivo original, debido a la defensa antiaérea. Cuando los Ju 52 intentaron aterrizar en la pista, que no había sido asegurada, doce de ellos fueron abatidos. El resto aterrizó donde pudo, en los campos cercanos o incluso en las carreteras, desde donde no pudieron volver a despegar. La segunda oleada, de 40 aparatos, no corrió mejor suerte. Uno de los aparatos derribados transportaba a miembros del estado mayor divisionario, con documentación sobre todos los objetivos de la operación, que pronto estuvieron en manos holandesas. Las dos siguientes oleadas lograron aterrizar en lugares de fortuna, pero de forma totalmente desorganizada.

Aunque los paracaidistas alemanes lograron el control de la mayor parte del aeropuerto, el decidido contraataque holandés, apoyado por artillería y aviación, reconquistó el terreno perdido. Las dos secciones de autoametralladoras estacionadas en Ypenburg tuvieron una actuación decisiva, tanto en los primeros momentos de la ofensiva, disparando sobre los aviones que aterrizaban, como en el contraataque subsiguiente.

En efecto, los M36 del 1er Escuadrón de *pantserwagens* (blindados) del ejército holandés habían tomado posiciones alrededor del aeropuerto, seis vehículos, y abrieron un fuego devastador sobre los aviones que aterrizaban. No obstante, en la lucha por el control del aeropuerto, un M36 fue destruido con granadas de mano, otro por un fusil anticarro y un tercero resultó gravemente averiado. Así las cosas, al final del día, sólo quedaban unos 200 alemanes combatiendo.

La operación, en su conjunto, había sido un fracaso. No se había asegurado ningún aeropuerto y los alemanes habían sufrido más de 2.000 bajas y perdido un enorme número de aviones de transporte. Los supervivientes, apenas un tercio de la fuerza prevista, estaban muy desorganizados, diseminados a lo largo de una docena de lugares alrededor de La Haya, donde el gobierno y la familia real holandesa estaban a salvo. Lo que sin duda había logrado era atraer a un gran número de fuerzas holandesas al corazón de la Fortaleza Holanda, distrayéndolas de lugares donde habrían hecho mucha falta para reprimir el ataque alemán. El ejército holandés había consumido todas sus reservas.

ESCUDO DE ARMAS de Holanda que tiene su origen en la casa de Orange-Nassau. En vigor desde 1813.

En el sector sur el asalto contemplaba varios lugares de aterrizaje. El 2º Batallón de FJR1 (700 hombres) descendería sobre Moerdijk en ambos extremos de los puentes. Cerca de 400 hombres del 1er Batallón descenderían sobre Dordrecht y la 3ª Compañía (170 hombres) sobre ambos extremos de los puentes allí situados. El 3er Batallón (unos 700 hombres) caería sobre Waalhaven, asegurando el aeropuerto, para ser reforzados por elementos del 16º Regimiento de infantería. En total se preveía que seis oleadas transportasen 2.500 hombres durante el primer día. Desde aquí, el objetivo era penetrar en el centro de Rotterdam. Para ayudar en esta misión, 50 paracaidistas, al mando del teniente primero Kerfin, se lanzarían sobre el estadio de fútbol del Feyenoord, mientras que doce hidroaviones Heinkel He 59 dejarían a 120 hombres de la 22ª División de infantería en el corazón de la ciudad, amerizando en el río Mosa.

Los acontecimientos se desarrollaron con mejor fortuna para los invasores alemanes que en el sector norte. Los lanzamientos tuvieron lugar, sin grandes incidencias, a las 05:00 h. En Moerdijk los paracaidistas tomaron sus objetivos –el puente de tren de 1.400 m de longitud y el de carretera, de 1.200 m, a la sazón los más largos de Europa– y neutralizaron al batallón de artillería y tres secciones de infantería que los guarnecían.

Una única sección se lanzó sobre la orilla norte y las otras tres lo hicieron al sur, en De Polder, en una gran llanura adyacente al barrio de Krispijn. Dordrecht albergaba en ese momento un gran número de tropas holandesas, ya que estaba acuartelado el regimiento de pontoneros. Pero de los 1.200 hombres que lo componían, pocos tenían el adecuado entrenamiento. Sólo la 14ª Compañía de zapadores constituía una unidad con la preparación y equipo adecuados. Al mando del teniente van der Houwen, una sección de zapadores progresó hacia los puentes tomados por los alemanes en medio de continuos tiroteos. Los alemanes se replegaron hacia los extremos de los puentes, y perdieron en la lucha a su jefe, el teniente von Brandis. Ni los holandeses ni los alemanes sabían la composición y fuerza del enemigo, y la lucha continuó de forma confusa. Más y más tropas holandesas convergieron sobre los diseminados grupos de paracaidistas, que se reagruparon en el parque Weizicht. Desde allí lanzaron dos ataques sobre la estación de tren, que fueron repelidos *in extremis*. Enfrentados a un enemigo que les superaba en una proporción de cuatro a uno, rodeados por todas partes y tras haber sufrido más de 30 bajas, los paracaidistas supervivientes se rindieron. Sólo una veintena pudo escapar a

PRÁCTICAMENTE TODOS LOS LANZAMIENTOS de los paracaidistas alemanes se realizaban desde los versátiles y casi ubicuos trimotores de transporte Junkers Ju 52 3m.

la orilla norte, donde se hicieron fuertes. La suerte de esta unidad de elite, que había capturado el aeródromo de Sola durante la campaña de Noruega, da una idea de lo vulnerable que es una unidad de paracaidistas si es atacada antes de que pueda organizarse inmediatamente tras el lanzamiento.

A pesar de este fracaso, el resto del 1er Batallón, que había caído a varios kilómetros al sur de Dordrecht, había consolidado sus posiciones alrededor de Twede Tol, localidad situada en el centro de la isla donde también se encuentra Dordrecht. El lanzamiento había tenido lugar sobre un batallón de artillería holandés, que fue inmediatamente neutralizado. Dejando una sección para bloquear la carretera, el grueso de las tres compañías se dirigió a Dordrecht. Allí, los escasos paracaidistas que se aferraban a la orilla norte fueron reforzados por dos compañías aerotransportadas enviadas por Student desde Waalhaven, además de por varias piezas anticarro y tres obuses de 75 mm. Con la llegada de los paracaidistas por el sur, las proporciones se volvieron contra los holandeses y las posiciones se estabilizaron llegada la noche.

En Waalhaven, los 700 paracaidistas sufrieron varias bajas en el descenso, en el que algunos se ahogaron al caer al agua, pero lograron tomar el aeródromo. Al cabo de una media hora del lanzamiento comenzaron a aterrizar los Ju 52, aun a pesar del fuego antiaéreo holandés. Varios aparatos fueron abatidos y otros colisionaron en tierra, provocando cierta confusión. Poco después, el aeródromo era totalmente controlado y siguieron llegando oleadas de transportes durante todo el día, a pesar del fuego esporádico de la artillería holandesa y de sucesivos ataques de Fokker C-X y Bristol Blenheim y, durante la noche, Vickers Wellington. Siete bombarderos fueron abatidos por los cazas alemanes durante esas misiones.

En Rotterdam los doce Heinkel He 59 amerizaron sin contratiempos en el Mosa, en medio de la sorpresa general. Ocho aparatos se dirigieron hacia el extremo norte del río y desembarcaron a sus hombres en un muelle cercano a la estación. Los otros cuatro hicieron lo propio en Koningshaven, en el muelle Nassau. Ante los atónitos ojos de la población de Rotterdam, los infantes del Grupo de combate Schrader desembarcaron utilizando botes inflables, siendo el único incidente la muerte de un policía, cuando intentó, ingenuamente, detener a los atacantes. Ambos grupos aseguraron sus objetivos, los puentes Koninginne y Willems. Los 50 paracaidistas que habían descendido en el campo de fútbol tampoco tuvieron ningún incidente y, utilizando un tranvía, se dirigieron a reunirse con sus compañeros en los puentes.

Los holandeses, salvando la sorpresa inicial, reaccionaron con presteza. Una compañía del 39º Regimiento de infantería, al mando del capitán Jan van Rhijn, actuando por iniciativa propia, detuvo el avance alemán en la orilla norte, mientras que una sección de marines holandeses tomó posiciones en el Maashotel e inició un duro combate que forzó a los alemanes a permanecer en una muy reducida cabeza de puente en la orilla derecha del Mosa. El general Winkelman pidió ayuda de la armada, que envió inicialmente al cañonero Z-5 a bombardear las posiciones alemanas con sus piezas de 75 mm. Logró destruir cua-

PARACAIDISTAS ALEMANES se disponen a embarcar en los Junkers Ju 52. Todos llevan mono de salto reglamentario en la 'Lufwaffe' desde antes del inicio del conflicto.

tro hidroaviones antes de ser forzado a retroceder, con varias bajas, por el fuego de ametralladoras alemán. Volvió poco después acompañado por el torpedero TM-51, armado con cañones de 20 mm, que tampoco consiguió nada positivo, y ambos buques se retiraron al mediodía tras haber gastado su munición. Al atardecer, el destructor *van Galen* y los cañoneros *Johan Mauritius van Nassau* y *Flores*, con cañones de 120 mm, se encaminaron hacia Rotterdam, pero, atacados por Junkers Ju 87 Stuka en Vlaardingen, los cañoneros recibieron la orden de volver a su base, mientras que el destructor, con graves daños, se hundió en Merwede.

ASALTO AÉREO ALEMÁN SOBRE LOS PUENTES DE MOERDIJK Y DORDRECHT

Vitales para que el avance alemán sobre Holanda no se demorara, ambos puentes fueron ganados por los paracaidistas alemanes en un salto tras las líneas enemigas. Esta ofensiva tomó por sorpresa a las defensas holandesas y les asestó un golpe decisivo.

La captura de los puentes de Dordrecht y Moerdijk era vital para que los carros alemanes avanzaran rápidamente hacia Rotterdam. Las misiones fueron encargadas al 1er y 2° Batallón del 1er Regimiento paracaidista, respectivamente. El éxito en Moerdijk era esencial: dividiría el país en dos, impidiendo que los aliados interfirieran en las operaciones alemanas que acabarían tomando la ciudad de Rotterdam.

PUENTE DE MOERDIJK

El 10 de mayo, a las 6:10 h, 53 aviones Ju 52 lanzaron cuatro compañías del 2° Batallón al norte y al sur de los puentes de Moerdijk. Eliminaron sin problemas las defensas antiaéreas holandesas, creando un perímetro defensivo.

Los posteriores contraataques del 6° Batallón de Fronteras holandés fueron rechazados con relativa facilidad. Los paracaidistas mantuvieron posiciones hasta ser relevados por la 9ª División Panzer dos días después.

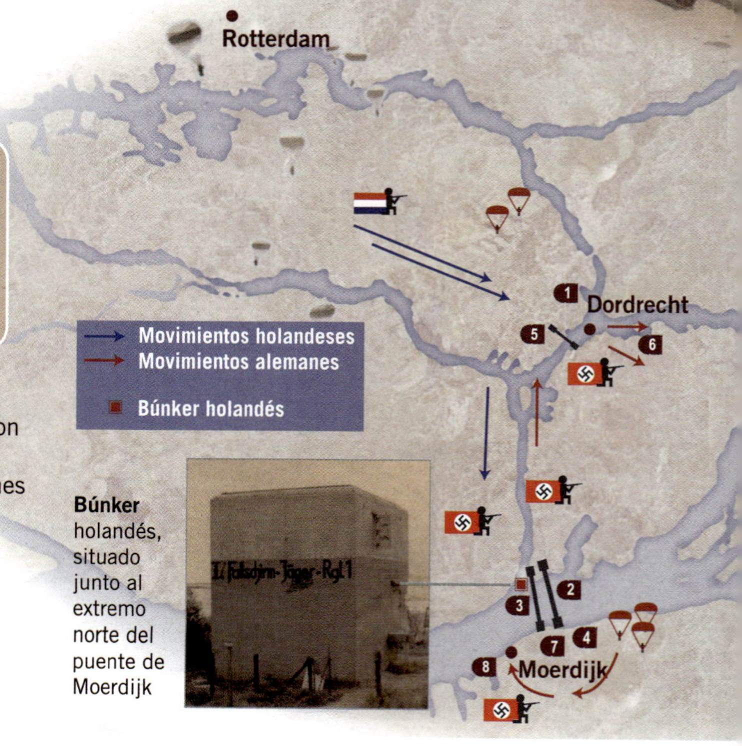

Búnker holandés, situado junto al extremo norte del puente de Moerdijk

28 muertos **33 heridos**

585 capturados

Junkers Ju 52 utilizado para realizar los lanzamientos de paracaidistas sobre los puentes.

1. Paracaidistas de la 3ª Compañía toman los puentes
2. Puente ferrocarril de Moerdijk
3. Puente carretera de Moerdijk
4. Zona de salto paracaidista
5. Puentes de Zwijndrecht
6. 3ª Compañía acorralada por los holandeses
7. Pelotones de la 7ª Compañía atacan los dos puentes
8. Elementos de la 7ª y 8ª Compañías terminan con la resistencia holandesa

PUENTE DE DORDRECHT

Dordrecht planteó problemas mayores. Un pelotón de la 3ª Compañía del 1er Batallón del 1er Regimiento saltó sobre los puentes de Zwijndrecht, controlándolos inmediatamente; el resto de la unidad nada pudo hacer frente a los ataques holandeses.

Fueron rodeados y su líder, el teniente von Brandis, murió. Solo 60 alemanes resistieron en los puentes. Sin embargo, reforzados por paracaidistas y unidades aerotransportadas, pudieron controlar la zona norte de la ciudad.
Finalmente, cuando la presión holandesa era agobiante, la 9ª División Panzer alemana entró en la ciudad. El día 14, por la tarde, los holandeses se retiraron.

Paracaidistas alemanes
Soldados alemanes
Soldados holandeses
Civiles holandeses

Casco de uniforme paracaidista alemán

80 muertos **200 heridos**
100 bajas

Al anochecer, la situación en el sur no era mala para los alemanes. Mantenían el control de los puentes de Rotterdam, Dordrecht y Moerdijk y el aeródromo de Waalhaven, aunque estaban sometidos a fuego de artillería y a continuos, si bien descoordinados, contraataques holandeses. Student trasladó su puesto de mando a Rijsoord, a medio camino entre Dordrecht y Rotterdam. Esa tarde Student recibió un comunicado de la *Luftwaffe* que constituyó una desagradable sorpresa. Existía un nuevo puente en Alblasserdam, hacia el que se dirigían fuerzas holandesas. Waalhaven, Rotterdam Sur y Dordrecht se encontraban ubicadas sobre una isla denominada Ijselmonde. Los puentes que controlaban su acceso, en Dordrecht, Rotterdam, Spijkenisse y Barendrecht, estaban controlados por los alemanes, pero la existencia de un puente desconocido para ellos, de recientísima construcción, cambiaba el panorama, por lo que debía ser controlado de inmediato. Student designó una sección de paracaidistas para hacerse con el control del puente y, en una frenética carrera contrarreloj, ésta lo alcanzó con tres horas de adelanto sobre las tropas holandesas, el 2º Regimiento ciclista.

Ante la imposibilidad de lograr sus objetivos, al anochecer del día 10, von Sponeck recibió la orden de agrupar sus fuerzas y avanzar hacia el sur, hacia Rotterdam. Las

REGIMIENTO DE INFANTERÍA CICLISTA holandés. Estas unidades fueron arrolladas por las tropas mecanizadas alemanas.

comunicaciones eran muy deficientes y la orden llegó tarde e incluso más tarde aún al resto de las unidades, por lo que no fue hasta el anochecer del segundo día, el 11 de mayo, que comenzó la retirada. El propio von Sponeck, con 360 hombres, se retiró hacia Wateringen, librando esporádicos combates. Capturó varios autobuses y se dirigió a Ypenburg. Un escuadrón de autoametralladoras M38 intentó darles caza sin resultado. Durante un breve combate, un M38 fue averiado y un autobús, destruido. Finalmente, el día 13, contactó con el grupo de Ypenburg que también se había retirado de sus posiciones iniciales. El grupo de Valkenburg nunca llegó a recibir la orden de retirada y permaneció atrincherado en dos bolsas, en Valkenburg y Wassenaar.

En el sur los alemanes se mantenían firmes. Los ataques del 6e *Grens-Bataljon* sobre Moerdijk habían sido infructuosos y la *Luftwaffe* había ralentizado el avance de los franceses desde el sur. La división ligera holandesa, en retirada desde la Línea Peel, se había reagrupado al noreste de Dordrecht por la noche. Con dos regimientos de infantería en bicicleta, dos batallones de motociclistas y un regimiento de artillería

LOS PUENTES DESTRUIDOS por los soldados holandeses retrasaron el avance por el oeste de las tropas alemanas.

motorizada, era la única reserva móvil que los holandeses tenían en ese momento. Su comandante, el coronel van der Bijl, intentó retomar el puente de Alblasserdam al amanecer, una vez reagrupadas sus fuerzas, en vez de hacerlo durante la primera noche, cuando las posiciones alemanas estaban menos consolidadas. El primer ataque lo lanzaron dos secciones de unos 50 hombres, que cruzaron el Noord por ambos lados del puente, a las 04:00 h. Tras alcanzar la otra orilla, uno de los grupos se perdió al carecer de mapas precisos y el otro topó con una firme resistencia alemana y quedó bloqueado. Al atardecer, los supervivientes se habían retirado a sus posiciones iniciales. A las 08:00 h tuvo lugar un asalto frontal sobre el propio puente, que fue rechazado con fuertes bajas. Igual suerte corrió otra ofensiva similar a las 10:00 h. A lo largo de la tarde tuvieron lugar varios intentos de cruzar el Noord, pero la carencia de botes y el fuego alemán impidió consolidar las posiciones y los holandeses finalmente volvieron a sus posiciones de partida.

Los descoordinados ataques en el sector de Dordrecht también fracasaron a lo largo de todo el día. Un decidido ataque del

LOS PONTONEROS ALEMANES realizaron un ímprobo trabajo para reparar los puentes destruidos por los holandeses.

3er Batallón de frontera sobre el puente de Barendrecht no logró desalojar a los alemanes y, aunque algunas unidades cruzaron el río, retrocedieron al atardecer, tras ver bloqueado su avance. Los alemanes, por su parte, habían sido reforzados por el 3er Batallón paracaidista, procedente de Waalhaven.

En Rotterdam, el 3er Batallón de von Choltitz había asegurado la orilla sur del río y los holandeses concentraron sus esfuerzos sobre la orilla norte. Al no haber un mando único, las tropas de tierra holandesas no se coordinaban con las unidades navales ni la aviación, a pesar de los desesperados esfuerzos del comandante militar de la plaza, el coronel Pieter Scharro. Un ataque sobre los puentes por parte de dos bombarderos Fokker T-V y tres cazas Fokker D-XXI no logró nada y, en el combate subsiguiente con la caza alemana fueron derribados un bombardero T-V, dos Fokker D-XXI y tres Messerschmitt Bf 110. El incesante fuego de la artillería y la aviación holandesas sí causó graves daños en las casas colindantes. No obstante, la posición alemana en la orilla norte era precaria. Estaba mantenida por unos 50 hombres distribuidos en cinco posiciones, tres

TRES PARACAIDISTAS ALEMANES, uno de ellos reposando sobre una bicicleta, posan junto a sus compañeros del ejército de tierra cerca de Dordrecht el 13 de mayo de 1940.

de ellas en edificios aledaños a la cabecera, una ametralladora sobre el propio puente y una docena bajo el puente. Uno de los oficiales, el teniente Schwiebert, herido el primer día, moriría tres días después en su posición.

Al atardecer, Student fue reforzado por una compañía del 65º Regimiento de infantería y todo el 72º Regimiento de infantería, que llegaron a bordo de 36 Ju 52, los cuales aterrizaron sobre la autopista entre Moerdijk y Dordrecht. Unos 200 paracaidistas se lanzaron al sur de la ciudad como refuerzo por la tarde, aunque sufrieron bajas a causa del certero fuego de mortero holandés.

El tercer día, los holandeses reanudaron sus infructuosos ataques sobre Dordrecht con elementos de la división ligera. Los refuerzos alemanes seguían llegando por aire y la *Luftwaffe* proporcionaba un eficaz apoyo a las tropas de tierra. Por la tarde del 12 de mayo, 40 Ju 52 aterrizaron en la carretera con elementos del 47º Regimiento

de infantería y del 22º Regimiento de artillería. La autopista constituía un excelente lugar de aterrizaje y el flujo de refuerzos era ahora constante. Un ataque de los Bristol Beaufort y Fairey Swordfish británicos fue inútil. Al atardecer del tercer día había 7.100 soldados alemanes destacados en la zona de Rotterdam.

Dordrecht constituía el único obstáculo entre los carros alemanes y Student. Éste concentró todas las unidades disponibles para el ataque, aun a costa de sacrificar Rotterdam, que de nada le valdría si no controlaba Dordrecht. Para el ataque agrupó un total de cinco batallones, tres de paracaidistas, cuatro compañías aerotransportadas, seis secciones anticarro y tres baterías de 75 mm, al mando del teniente coronel De Boer, del 72º Regimiento de infantería. Student planeó un ataque de flanqueo por el sudeste, cubierto por una cortina de paracaidistas, plan que se topó con el propio holandés, que trataba de barrer la isla con tres batallones de la división ligera, apoyados por dos baterías de 75 mm.

Uno de los batallones fue detenido por los paracaidistas en la vía de tren, mientras los otros dos chocaban con las compañías aerotransportadas. Un cuarto batallón holandés se lanzó al combate y la lucha continuó hasta el anochecer, sin que ningún bando obtuviese una ventaja decisiva. Los holandeses en la ciudad se retiraron a la villa medieval para reorganizarse mientras una sección cortó la carretera a Moerdijk.

Al atardecer, elementos de la 9ª División Panzer alcanzaban Moerdijk. Un oficial a bordo de un vehículo blindado se adelantó al resto de la división antes de que los holandeses bloqueasen la carretera y logró enlazar con Student por la tarde. A los holandeses se les acababa el tiempo.

El cuarto día, Winkelmann decidió concentrar sus esfuerzos sobre la ciudad de Rotterdam para reconquistar los puentes. En concreto, en la orilla norte, sólo había 50 paracaidistas, al mando del primer teniente Kerfin, los que habían caído en el campo de fútbol. Por la mañana del 13 de mayo, un decidido ataque de los marines fue rechazado *in extremis*, cuando sólo quedaba una veintena de paracaidistas en condiciones de combatir. Student, esa misma mañana, atacó la refinería de Pernis, al oeste de Rotterdam,

TRAS PRESENTAR UNA HEROICA RESISTENCIA, el ejército holandés capituló el día 15 de mayo de 1940. En la imagen se puede apreciar a un grupo de soldados apresados por los alemanes.

sin utilizar la artillería para no dañar las instalaciones. Fue un grupo de ingenieros británicos el que se encargó de comenzar a volarlas antes de retirarse, provocando una densa columna de humo.

En Dordrecht, los holandeses prepararon un último y decisivo asalto, conscientes de que su tiempo se agotaba. Organizaron dos grupos, cada uno con dos batallones, para retomar los puentes y progresar hacia Moerdijk. El grupo que se dirigió a Moerdijk topó con la vanguardia de la 9ª División Panzer y, aunque logró destruir dos vehículos blindados de reconocimiento, fue dispersado por el ataque combinado de las unidades de reconocimiento y los Junkers Ju 87 Stuka.

En la ciudad de Dordrecht, tras un fuerte bombardeo artillero, comenzó el ataque holandés, con gran determinación y habilidad. Varias secciones lograron infiltrarse a través de callejas y pequeñas plazas, y los alemanes se vieron obligados a ceder terreno. A las 16:00 h la línea alemana estaba a punto de derrumbarse. Se mantenía gracias a la decisión de grupos aislados de paracaidistas que se aferraban al terreno, frente a una abrumadora presión. Pero, a esa hora, las primeras unidades de la división acorazada comenzaron a penetrar en la ciudad, arrollando a varias unidades holandesas cogidas por sorpresa. Otras pudieron reorganizarse y establecieron varias posiciones de bloqueo en los puentes, cada una de las cuales fue defendida por una sección con uno o dos cañones de campaña o anticarro. El mando holandés se desmoronó en ese preciso momento. Van der Bijl sacó a su cuartel general de la ciudad y hubo un cruce de órdenes y contraórdenes, favorecidas por el otro comandante holandés que permaneció en la ciudad, Mussert, de dudosa lealtad y competencia.

Los carros alemanes se desperdigaron por la ciudad sembrando el caos, pero carecían de coordinación con las tropas de tierra y tuvo lugar una dura lucha por el control de

los puentes del interior de la ciudad. Los alemanes consiguieron atravesar el puente Vriesen, defendido por un cañón de 75 mm y un anticarro de 47 mm. Dos Panzer II fueron puestos fuera de combate, pero tres Panzer III destruyeron la pieza de campaña con un impacto directo y aniquilaron a las dotaciones con fuego de ametralladora. Mientras uno de los carros permanecía sobre el puente, los otros dos penetraron en el laberinto de callejas de la ciudad medieval, donde toparon con otra pieza de 47 mm. Aunque la dotación fue abatida con las ametralladoras, un alférez, Dekker, logró un impacto en la torreta de uno de los carros, que quedó fuera de combate, y logró averiar al otro, deteniendo de este modo su avance.

No obstante, la suerte estaba echada. Ante la abrumadora presencia alemana, los holandeses abandonaron Dordrecht a las 18:00 h. Los exhaustos alemanes no continuaron el avance hasta el día siguiente.

CAPÍTULO 08

EL BOMBARDEO DE ROTTERDAM SELLA LA VICTORIA ALEMANA

La ciudad holandesa de Rotterdam fue bombardeada por la aviación alemana en una actuación innecesaria, fruto de la descoordinación y las diferencias horarias que regían entre ambos países. Pasaría a la historia como uno de los hechos más reprobables de la Segunda Guerra Mundial.

Una vez tomada la ciudad de Dordrecht, el avance alemán estuvo a cargo de la 1ª División de caballería, que avanzó a lo largo de tres ejes. Inicialmente, el 10 de mayo progresó por Friesland ante la escasa resistencia holandesa, que no contemplaba una defensa firme de las provincias del Norte. De hecho, sólo había cinco batallones en el sector, al mando del coronel Jacob Veenbaas. La penuria de medios era tal que apenas tenían explosivos para volar los puentes y dificultar el avance alemán, de tal forma que en algunos de ellos los soldados comenzaron desesperadamente a utilizar hachas y prender fuego a las estructuras de madera. No es de extrañar que varios de los puentes más importantes fuesen capturados intactos por las tropas alemanas.

El día 11 los alemanes alcanzaron la Línea Wons, en el extremo oriental del Afsluitdijk. Tras breves combates las tropas holandesas se retiraron a lo largo del dique hacia la *Vesting*. Sólo se presentaba un obstáculo ante los alemanes, antes de que éstos pudiesen penetrar en la *Vesting* desde el norte. Ese obstáculo era el moderno fuerte de Kornwerderzand, que contaba a la sazón con 220 defensores, al mando del capitán Christiaan Boers. Estaba armado con 21 ametralladoras de 7,9 mm y cuatro cañones anticarro de 50 mm, en posiciones de hormigón que se cubrían mutuamente. Este fuerte cerraba el acceso al Afsluitdijk, de unos 30 km de longitud, que separaba el Wadenzee del Ijselmeer, construido entre 1927 y 1932, sobre el que circulaba una carretera que penetraba en la *Vesting* por el norte. El extremo sur del dique estaba cerrado por el fuerte Den Oever, algo más pequeño. Kornwerderzand resistiría los ataques alemanes hasta el día de la rendición final.

El día 12 la *Luftwaffe* atacó a unidades de la flotilla del Ijssel, dañando gravemente los cañoneros *Friso* y *Brinio*. El día 13 comenzó el ataque al fuerte. Tras derribar

LOS BIMOTORES ALEMANES Heinkel He 111 de la 'Kampfgeschwader' 54 bombardearon la ciudad holandesa de Rotterdam. Resultaría una acción desproporcionada e ineficaz para el desarrollo de los acontecimientos.

un avión de observación alemán por la mañana, los defensores sufrieron un violento fuego de artillería a lo largo de la tarde, que fue seguido por un primer asalto fácilmente rechazado. La presencia de la flotilla del Ijssel, con seis dragaminas y cañoneros, además de ocho pequeñas lanchas artilladas, hacía muy peligroso un intento de cruce del Ijssel en botes. Durante la mañana del día 14, el *Johan Mauritius van Nassau* bombardeó a las tropas alemanas desde el Wadenzee.

En el sector central, la misión del 10º *Armeekorps* era cruzar el Ijssel y penetrar la Línea Grebbe. La 227ª División de infantería, junto con dos batallones del SS *Leibstandarte* formaba el ala derecha, que atacó a lo largo de tres ejes. En el Norte, el punto de cruce estaba entre Zwolle y Deventer, y contaba con el apoyo del tren blindado E-*Panzerzug* 4. En el Sur y centro, el punto de cruce estaba en Zutphen, y contaba con el apoyo del tren blindado E-*Panzerzug* 3.

El ala izquierda estaba formada por la 207ª División de infantería, junto con el SS-*Standarte Der Führer*. Ambas alas se enfrentaban a cinco batallones holandeses situados en la orilla oriental del Ijssel y cinco más tras la propia línea.

La 227ª División de infantería encontró los puentes que debía cruzar destruidos y permanecieron el resto del día 10 buscando posibles puntos de cruce en medio de informaciones contradictorias.

Al final del día 10, sólo los elementos de reconocimiento de la división, seguidos por elementos del *Leibstandarte*, habían logrado alcanzar la Línea Grebbe.

En Zutphen la lucha fue intensa en el interior de la ciudad a lo largo de todo el día, pero, al final de la tarde, los alemanes habían roto la resistencia holandesa y comenzaron a construir un puente de pontones sobre el Ijssel, que comenzaron a cruzar el día 11. Un poco más al norte elementos del 328º Regimiento de infantería atravesaron el Ijssel tras desembarcar del tren blindado, pero no fueron capaces de montar un puente de pontones. Ante esta situación, al final del día, el general Zickwollf, comandante de la división, decidió que el punto de cruce

UN GUARDIA MUNICIPAL en la ciudad holandesa de Utrecht dirige la entrada de las tropas alemanas en la ciudad el día 20 de mayo de 1940, tras la capitulación de Holanda.

principal fuese el conseguido en Zutphen y dirigió allí a la mayor parte de sus fuerzas.

El ala izquierda tuvo mejor suerte y, aunque los puentes en Westervoort y Doesburg habían sido volados, los zapadores alemanes lograron instalar puentes de pontones por la tarde. Los primeros en cruzar fueron los granaderos del SS *Der Führer*, que establecieron posiciones en Renkum, diez kilómetros al oeste de Arnhem. Le seguía la 207ª División de infantería.

Al amanecer del día 11, un intenso bombardeo artillero sobre la colina Grebberger, en el extremo sur de la Línea Grebbe, precedió al ataque de los granaderos. Al final del día, la línea había sido rota y un batallón holandés había quedado destruido. Los alemanes prepararon un ataque nocturno para mantener el ímpetu del avance, pero chocó con un contraataque holandés, que fracasó en medio del caos típico en operaciones nocturnas llevadas a cabo por tropas sin experiencia.

El día 12 comenzó el ataque decisivo. La defensa holandesa se basaba en el mantenimiento de la Línea Grebbe, defendida por los 3er y 4º *Legerkorps*, además de las brigadas A y B, manteniendo como línea de apoyo a retaguardia la Línea Nieuwe Hollandse Waterlinie. Tras ella se encontraba ya la ciudad de Utrecht y el corazón de la *Vesting Holland*. El despliegue alemán incluía, de norte a sur, elementos del *Leibstandarte*, las 227ª y 207ª divisiones de infantería y el SS-*Der Führer*.

Después de un intenso bombardeo que duró toda la mañana, el ataque alemán rompió la línea holandesa en varios puntos. Un valiente contraataque a cargo del 2º Batallón del 8º Regimiento de infantería fracasó. Con la llegada de la noche, el avance se detuvo y los holandeses intentaron reagruparse para un nuevo contraataque por la mañana. Durante la noche, unos 100 hombres del SS-*Der Führer* traspasaron la línea defensiva en el sector de Rhenen y sembraron el caos en las unidades holandesas durante la mañana siguiente. No obstante, con las primeras luces del día 13, una docena de aviones holandeses atacó con gran determinación posiciones de artillería alemanas en Wageningen, como preludio al contraataque, que apenas logró retrasar el inicio del propio ataque alemán. Éste penetró el dispositivo holandés en Rhenen, siendo destruido el 1er Batallón del 8º Regimiento de infantería, al frente del cual su comandante murió heroicamente.

Más al norte, el ataque de la 227ª División de infantería no logró perforar la Línea Grebbe en Scherpenzeel. No obstante, estaba claro a media tarde que la línea estaba perdida y el mando holandés ordenó una retirada a la línea NHW a las 20:00 h. Rhenen cayó a las 21:30 h y Achterberg poco antes. Durante la noche, la Línea Grebbe fue evacuada y las fuerzas holandesas se retiraron al interior del Vesting. El 3er y 4º *Legerkorps* se retiraron en buen orden, pero no así el 2º, cuyo comandante, el general mayor Harberts, huyó cobardemente, tras haber dado claras muestras de ineptitud durante los tres días anteriores. Fue relevado inmediatamente. La línea NHW estaba casi desierta, pues las reservas holandesas estaban empeñadas en su lucha contra los paracaidistas, y las unidades en retirada se vieron obligados a ocupar las vacías posiciones defensivas a lo largo de la mañana del día 14.

DURANTE LA NOCHE, LA LÍNEA GREBBE FUE EVACUADA Y LAS FUERZAS HOLANDESAS SE RETIRARON AL INTERIOR DE LA 'VESTING'

El objetivo del 26º *Armeekorps* era cruzar el Mosa y forzar la Línea Peel. Los holandeses nunca pretendieron mantener esta línea y su intención era retirarse ante el comienzo de la invasión. El primer movimiento alemán consistió en la captura del puente en Gennep, de más de 400 m de longitud, intacto.

Para ello recurrieron a una estratagema, utilizando a la 2ª Sección de la 2ª Compañía Brandemburg –el verdadero nombre de la unidad era Bau-Lehr-Bataillon *z.b.V. 800*–, al mando del teniente coronel Walther. Dos hombres con uniformes de la policía militar holandesa se acercaron al puesto de control

UNA IMPROVISADA LANCHA con botes neumáticos permite a soldados alemanes cruzar el río Mosa tras la destrucción de los puentes acometida por el ejército holandés.

holandés, llevando como supuestos prisioneros a cuatro alemanes. Al llegar a la posición holandesa, todos sacaron sus armas y neutralizaron a los guardias, para permitir que los trenes cruzasen el puente. Tras asegurarlo, un tren blindado y otro con tropas alemanas penetraron la línea defensiva ante la pasividad holandesa. Tres kilómetros tras la línea holandesa se detuvieron y desembarcaron las tropas que trasportaban: tres compañías de la 256ª División de infantería, una compañía de ametralladoras, una sección de anticarros y una de zapadores con lanzallamas, para atacar las defensas holandesas por detrás. Cuando el tren blindado volvió a apoyar el ataque sobre Mills, punto de penetración de la Línea Peel, los

holandeses, ya alertados, consiguieron hacerlo descarrilar. No obstante, la línea estaba rota y la retirada holandesa hacia el interior de la *Vesting* comenzó por la tarde.

Otras operaciones de la unidad Brandemburg, a cargo de la 1ª Sección de la 3ª Compañía contra los puentes sobre el Mosa en Massyk, y de la 4ª Compañía contra los puentes sobre el canal Juliana en Berg, Urmond, Obicht y Stein, no tuvieron el mismo éxito. Sólo lograron tomar intacto un puente sobre el canal Mosa-Waal, al oeste de Roermond.

TROPAS FRANCESAS de la '7ème Armeé' en la zona norte de Bélgica, concretamente en Visé, ante uno de los característicos molinos de viento de la región.

A lo largo de la mañana del día 11, la 256ª División de infantería y elementos de la 254ª División de infantería cruzaron la Línea Peel en varios puntos, seguidos por la 9ª División Panzer que cruzó el Mosa entre Gennep y Mook. Al atardecer, tras avanzar 40 km en ese día, los carros habían alcanzado el canal Zuid-Willems cerca de Veghel y, en la mañana del día 12, estaban al norte de Tilburg. En ese momento entraron en contacto con elementos de reconocimiento franceses, a los que rechazaron. Al anochecer del día 12 las primeras unidades acorazadas llegaban a Moerdijk, enlazando con los paracaidistas que defendían los puentes.

Al mediodía del día 13, la 9ª *Panzerdivision*, junto con tropas aerotransportadas, estaban desplegadas al sur de Rotterdam, mientras que un puente de pontones cruzaba el canal Wilhelmina al este de Tilburg. En la mañana del día 14, Student saludaba al comandante de la división acorazada, el austríaco Ritter von Hubicki, en Rijsoord.

Las primeras unidades francesas en penetrar en territorio holandés fueron las unidades de reconocimiento del Grupo *Lestoquoi*, formado por el 2º GRCA (grupo de reconocimiento de cuerpo de ejército) y el 5º GRDI (grupo de reconocimiento de división de infantería). Les seguía la 1ª DLM (división ligera mecanizada) . Otra formación de reconocimiento, el grupo Beauchesne, formado por el 2º, el 12º y el 27º GRDI, cruzó el estuario del Escalda, llegando a Vlissingen a las 19:00 h, donde estableció contacto con las tropas holandesas de Walcheren. Las unidades más avanzadas de la 1ª DLM eran los carros del 6º Regimiento acorazado. Los carros del 4º Regimiento acorazado y del 18º Regimiento de dragones estaban cargados en vagones de tren preparados para ser transportados a Amberes. Los elementos del 6º Regimiento acorazado alcanzaron Tilburg al amanecer del día 11, tras un avance de 265 km sin ser molestados, aunque permanentemente vigilados por la *Luftwaffe*. La situación cambió el día 11, cuando los aviones alemanes comenzaron a atacar a los carros y vehículos de reconocimiento franceses. A pesar de ello, el avance continuó y, por la tarde, elementos del 5º GRDI entraron en contacto con los alemanes, en los alrededores de Breda y Tilburg.

Al mismo tiempo, dos escuadrones de S-35 y cuatro de H-35, recién llegados a Malinas y Amberes, se desplegaron para apoyar a la 18ª División de infantería belga. A pesar de este apoyo, al finalizar el día, las fuerzas belgas comenzaron a retirarse sobre el canal Alberto, poniendo en peligro el flanco de las unidades acorazadas francesas. Por ese motivo, el día 12, la 1ª DLM se retiró a una línea entre Bergen-op-Zoom y Turnhout. Poco después, las unidades de reconocimiento también comenzaron a replegarse.

Al mediodía, mientras elementos del 6º Regimiento acorazado y del 5º GRDI se aproximaban a Moerdijk, fueron sometidos a un fuerte ataque por la *Luftwaffe*. Su avance se vio detenido por los paracaidistas alemanes y la destrucción de la carretera, así como por la demolición de un puente sobre el río Mark, por lo que tuvieron que retirarse. Durante la mañana del día 12, una unidad del 2º GRDI se aproximó a Moerdijk, donde se detuvo ante la firme resistencia alemana.

SELLOS EMITIDOS en Holanda, cuyo motivo son los combatientes de dicha nacionalidad enrolados en las filas de las Waffen SS.

Por la noche se dio la orden de retirada a la 1ª DLM y la 25ª DIM (división de marcha de infantería) hacia una línea entre Wuustwezel, Wortel y Turnhout.

A lo largo del día 13 se incrementó la presión de la 9ª División Panzer sobre las unidades francesas, que se fueron replegando paulatinamente. El día 14, los alemanes avanzaron con decisión hacia Amberes, causaron graves bajas a las unidades de reconocimiento francesas y rodearon al 12º GRDI, así como a elementos del 6º Regimiento acorazado y el 4º RDP (*Régiment de Dragons Portés*, regimiento de dragones motorizados) en Bergen-op-Zoom. Al anochecer, las unidades francesas se retiraron a posiciones defensivas alrededor de Amberes y los S-35 fueron reembarcados en dirección a Francia. Las relaciones y la coordinación entre los mandos franceses y holandeses no fueron en ningún momento buenas, y la operatividad de las unidades se resintió notablemente.

Acto final en Rotterdam

En Rotterdam los edificios situados en la orilla del río habían sufrido graves daños, debido principalmente a la incesante acción de la artillería holandesa, al fuego de los cañoneros durante el primer día y a la aviación,

CARTEL DE PROPAGANDA ALEMÁN de 1942, en idioma holandés, solicitando trabajadores de dicha nacionalidad para colaborar en el esfuerzo de guerra con el ocupante.

KOM OOK
IN DEN GERMAANSCHEN
LANDDIENST
IN HET OOSTEN

EL CENTRO DE LA CIUDAD DE ROTTERDAM quedó completamente arrasado por el bombardeo de la *'Luftwaffe'* en mayo de 1940. El gobierno capituló para evitar más destrucciones.

en un continuado intento de neutralizar la cabeza de puente alemana sobre la orilla norte. El día 13, las demoliciones llevadas a cabo por los *Royal Engineers* británicos contribuyeron a incrementar la humareda y dificultar la visibilidad.

El día 14, los alemanes se prepararon para romper las defensas holandesas y penetrar hacia el norte. Además de progresar hacia Amsterdam, era imperativo enlazar con los paracaidistas sitiados en Overshie, al mando de von Sponeck. Los holandeses, por su parte, se disponían a aniquilar a este grupo de paracaidistas y preparaban un asalto final con tres batallones para el mismo día.

Las fuerzas alemanas se distribuyeron en tres grupos para el asalto final en Rotterdam. Al mando de ellas estaba el teniente general Schmidt. El grupo A atacaría desde Feyenoord compuesto por carros del 33º Regimiento Panzer, el 3er Batallón del 16 º Regimiento de infantería, dos baterías de artillería y dos compañías de zapadores. Atacarían a través del puente y se dirigirían directamente a Amsterdam. El grupo B, partiría de Ijselmonde, con tres compañías del 16 º Regimiento de infantería y una de zapadores. El grupo C avanzaría desde el sur de la ciudad, con carros del 33º Regimiento Panzer y el *Leibstandarte SS Adolf Hitler* para, a través de la ruptura conseguida por el grupo A, enlazar con los aislados paracaidistas y proseguir el avance hacia La Haya. La hora del ataque se fijó a las 15:30 h. Sería precedida de un bombardeo artillero y un ataque aéreo sobre las posiciones holandesas más cercanas al puente.

En este momento es preciso señalar una situación atípica que contribuyó en gran medida a lo que siguió. A lo largo de la campaña del oeste los alemanes utilizaron su propio horario, que iba una hora adelantado sobre el de los británicos, belgas y franceses, que, a su vez, iban una hora por delante del de Greenwich. Los holandeses, increí-

blemente, iban, desde la década de 1920, adelantados 19 minutos y 32 segundos sobre el horario de Greenwich, aunque lo habían redondeado a 20 minutos. De esta forma, en mayo de 1940, iban 1 hora y 40 minutos retrasados con respecto al horario utilizado por los alemanes.

Los holandeses, Winkelman en particular, deseaban acabar con los paracaidistas aislados en Overshie y estaban empeñados en su propio ataque en ese sector. Aunque éste comenzó por la mañana del día 14, el avance fue tan lento que no entraron en contacto con las tropas alemanas hasta la tarde.

Por su parte, los alemanes, antes de comenzar el ataque, ante la precaria situación holandesa y la necesidad de rescatar a sus tropas de elite, en grave riesgo de ser aniquiladas, presentaron un ultimátum al comandante militar de Rotterdam, coronel Scharro,

AMSTERDAM RECIBE AL OCUPANTE ALEMÁN tras la capitulación de Holanda, acaecida el 15 de mayo de 1940. Las tropas motorizadas de la 'Wehrmacht' desfilan triunfantes frente al palacio real camino de la estación central.

que expiraba a las 14:10 h (las 12:30 h holandesa), unos 50 minutos antes del comienzo del ataque aéreo. Tres emisarios alemanes cruzaron el puente y entregaron el documento a Scharro, que telefoneó a Winkelman para recibir órdenes. Éste, ansioso por aniquilar a los paracaidistas, argumentó que el documento no estaba claro y que sólo estimaría otro que estuviese claramente firmado, especificando el nombre y rango del mando firmante. Los tres emisarios volvieron y comunicaron la incidencia a las 13:30 h. Ante la impresión de que la rendición era inminente, Schmidt decidió posponer el bombardeo artillero y envió un mensaje a la *Luftflotte* 2 a las 14:14 h, indicando que se suspendiera temporalmente el despegue de los aviones, a la espera de acontecimientos. Schmidt escribió un nuevo ultimátum, con una firma clarísima, que expiraría a las 18:00 h. En ningún momento amenazaba con un bombardeo aéreo sobre

la ciudad. Era demasiado tarde. Los horarios eran demasiado ajustados, la cadena de mando demasiado larga y las comunicaciones pobres. Cuando los emisarios volvían con el nuevo ultimátum, los aviones ya estaban en camino para bombardear la ciudad.

Los Heinkel He 111 de la *Kampfgeschwader* 54, volando en dos grupos, de 54 y 36 aparatos, tenían como blanco un área triangular situada en oposición a la cabeza de puente mantenida por los alemanes en la orilla norte del Mosa. Se dispararon bengalas rojas, indicando la suspensión de la misión, pero sólo uno de los grupos las vio en el último momento y abortó el bombardeo. El otro grupo arrojó su carga de bombas sobre el blanco, en total 97 toneladas, con efectos devastadores. Scharro se decidió a la rendición sin demora y se encontró con Schmidt a las 17:30 h. A esa misma hora, los grupos A y C cruzaban el puente y las tropas de la *Leibstandarte*, al mando de Kurt Meyer, enlazaban poco después con los paracaidistas. Éstos se encontraban en una situación muy difícil, sometidos a una intensa presión por todas partes, con un perímetro cada vez más reducido y con la retaguardia apoyada sobre el río Schie y uno de sus puentes, que mantenían controlado. Las fuerzas de Meyer, a quien en el futuro se apodaría Panzer, llegaron justo a tiempo. Los holandeses recibieron la orden de alto el fuego y al final de la tarde ambos grupos enlazaban.

Goering estaba deseoso de un segundo bombardeo de la ciudad, que Schmidt logró abortar. Utrecht, ante lo que había ocurrido en Rotterdam, se rindió a la 207ª División de infantería.

El bombardeo de Rotterdam ha consumido ríos de tinta desde que tuvo lugar. Lo que está claro es que, desde una visión retrospectiva, fue innecesario. Las cifras de bajas se redujeron desde las iniciales 3.000 víctimas mortales civiles hasta menos de 900. Espantosa como es la cifra, no es nada comparado con lo que vivirían las ciudades alemanas y japonesas en el futuro, esta vez de forma premeditada. Parece claro que el objetivo del bombardeo era la necesidad de una rápida ruptura táctica en la ciudad, que la intención de Schmidt fue cancelarlo ante la probable rendición holandesa y que Winkelman demoró innecesariamente la respuesta en un intento de ganar tiempo para aniquilar a los cercados paracaidistas. Todos estos factores, añadidos al absurdo desfase del horario holandés, a la mala visibilidad provocada por los bombardeos previos sobre la ciudad –realizados por los propios holandeses– y las demoliciones de los ingenieros británicos, contribuyeron al trágico balance final de 900 civiles muertos.

A última hora de la tarde, mientras los jefes alemanes se encontraban reunidos en el puesto de mando holandés, tuvo lugar un tiroteo entre miembros de las *Waffen* SS y un francotirador holandés. Student se asomó a la ventana y recibió un disparo en la cabeza. No obstante, logró recuperarse totalmente, a tiempo para la siguiente gran operación de los *Fallschirmjäger*, la operación Merkur para la conquista de Creta.

LA CAMPAÑA DE HOLANDA HABÍA COSTADO CARA A LOS ALEMANES, AUNQUE ERA UN PRECIO MUY BAJO COMPARADO CON LA VICTORIA LOGRADA

Tras consultar con los comandantes de las principales unidades, Winkelman decidió rendirse a las 18:30 h y envió órdenes a las diversas fuerzas para que destruyeran las armas y equipo, especialmente las piezas de las baterías de costa. Zelanda quedó excluida de esta orden de rendición, debido al gran número de fuerzas francesas que allí se encontraban. Para muchos de los comandantes holandeses, la orden de rendición fue algo inesperado y descorazonador, pues muchos aún no habían entrado en combate y no se consideraban ni mucho menos vencidos.

El armisticio fue firmado a las 11:45 h del día 15, en el puesto de mando de Student en Rijsoord. La *18ème Armée* estaba libre para actuar contra Francia y Bélgica. El gobierno holandés y la familia real habían escapado a Gran Bretaña ya el día 12, a bordo de tres destructores británicos, contra la voluntad inicial de la reina Guillermina, que quería permanecer con su pueblo.

Con la capitulación de Holanda, el plan Dyle-Breda era papel mojado. La mañana del día 16 comenzó el ataque a las posiciones aliadas en Zelanda, con un fuerte bombardeo a cargo de los Junkers Ju 87 Stuka y artillería. El SS-*Standarte Deutschland* forzó las posiciones francesas y, al mediodía, estaba firmemente establecido en Kapelle. Un batallón francés quedó aislado y se rindió, pero el resto de las fuerzas francesas logró retirarse de Walcheren, con el apoyo de las unidades navales francesas. Fue una retirada cara. El propio general Deslaurens murió en una acción de retaguardia, cubriendo la retirada. Amberes cayó el día 18. Todo había acabado.

La *7ème Armée* había cumplido su papel inicial a la perfección. Había penetrado hasta Holanda para reforzar a sus aliados y presentar batalla en el primer día de la invasión, contando con que el esfuerzo principal alemán tuviese lugar en los mismos terrenos que en la Primera Guerra Mundial. Pero, en virtud del plan Manstein, lo único que logró fue privar al sistema defensivo francés de una de sus mejores unidades en el lugar que más falta hubiera hecho, en Sedán. Su presencia en las Ardenas hubiese cambiado probablemente el curso de la campaña.

La campaña de Holanda había costado cara a los alemanes, aunque era un precio muy bajo comparado con la enorme victoria estratégica lograda. El grupo norte había sufrido 1.100 bajas (muertos y heridos), y

UNA JOVEN HOLANDESA YACE MUERTA en la acera de una de las calles de Amsterdam, tras haber resultado alcanzada por la metralla de las tropas asaltantes en enero de 1940.

1.600 prisioneros (de los que 400 fueron liberados tras el armisticio, pues el resto habían sido enviados a Gran Bretaña). Pero esos escasos 4.000 hombres habían desbaratado todo el sistema defensivo holandés y habían obligado a emplear las reservas, dejando la puerta abierta para las tropas de tierra. El grupo sur tuvo unas 1.200 bajas (250 muertos). La *Luftwaffe* sufrió fuertes pérdidas a manos de la defensa antiaérea. De los 1.000 aparatos utilizados, se inutilizaron unos 330 (más de 200 por la defensa antiaérea). De los 430 Junkers Ju 52 que habían entrado en combate, se perdieron 220, aunque muchos fueron reparados, y el total de aviones que fueron baja se redujo a 167.

Los holandeses sufrieron 2.157 muertos y 2.700 prisioneros. Las bajas entre la población civil ascendieron a unas 2.500.

| LA GUERRA EN EL CINE |

Cartel español del filme *El diario de Ana Frank* (*The Diary of Anne Frank*, 1959), de George Stevens.

Adaptación cinematográfica de la experiencia de la familia Frank a través del diario de Ana, una adolescente judía de 13 años. El padre de Ana, Otto Frank, era un comerciante judío alemán que se vio obligado a emigrar con su familia a Amsterdam en 1933, tras el ascenso de Hitler al poder. Más tarde, tras la invasión alemana de Holanda en mayo de 1940, la persecución de los judíos por parte de la Gestapo obligó a muchos a esconderse en un intento desesperado por evitar ser recluidos en campos de concentración. Los Frank se ocultaron junto a otra familia en un ático, gracias a la ayuda y complicidad de un matrimonio amigo. El relato de Ana Frank es un testimonio extraordinario que comienza en junio de 1942 y llega hasta agosto de 1944, momento en que son descubiertos y trasladados a un campo de concentración. Ana murió en el de Bergen-Belsen, en marzo de 1945; su diario, un documento estremecedor de la barbarie nazi, rescatado por su padre –único superviviente de la familia– una vez acabada la guerra, no morirá jamás.